혐오의 즐거움에 관하여

윌리엄 해즐릿의 자화상, 1802년경

혐오의 즐거움에 관하여

윌리엄 해즐릿

공진호 옮김

아티초크

일러두기

1. 본문에 나오는 주는 해즐릿 전집을 기준으로 한 옮긴이 주입니다.
2. 방점은 원서의 표시에 따른 것입니다.
3. 단행본은 『』, 시, 단편 등은 「」, 잡지나 신문, 공연은 《》, 개별 기사 등은 〈〉로 구분했습니다.
4. 번역은 P. P. Howe가 편집한 The Complete Works of William Hazlitt in Twenty-One Volumes, Centenary Edition(1933)을 저본으로 하고 각주는 저본 외 여러 원서들을 참고했습니다. 셰익스피어와 관련해서는 주로 조나단 베이트가 편집한 William Shakespeare: Complete Works(2007) 및 Arden Shakespeare 원서를 참고했습니다.
5. 본문의 삽화는 모두 편집팀이 수록했습니다.

차례

추천의 말 내가 해즐릿에 열광하는 이유 | 장강명   11
서문 윌리엄 해즐릿 | 버지니아 울프   13

혐오의 즐거움에 관하여   37
죽음의 공포에 관하여   63
질투에 관하여   87
비위에 거슬리는 사람들에 관하여   101
학자들의 무지에 관하여   131
맨주먹 권투   151

옮긴이의 말 해즐릿을 읽기 위해 무슨 말이 더 필요할까?   187
연보 윌리엄 해즐릿   191

추천의 말

내가 해즐릿에 열광하는 이유

— 장강명

  버지니아 울프는 윌리엄 해즐릿의 에세이를 극찬하면서도 "최고 중의 최고라고 하기에는 조금 부족"하다고 했는데, 나는 해즐릿의 에세이가 최고 중의 최고 레벨에 속한다고 생각한다. 울프가 꼽은 장점에 대해서는 두말없이 동의하고, 단점으로 지적한 "분열적이고 불협화음적인 면"조차 내게는 대단한 매력으로 다가왔다.

  최고의 에세이를 읽을 때에는 '오, 이 저자와 만나서 대화하고 싶다' 하는 감상이 든다(최고의 소설을 읽고 나서는 그런 생각이 들지 않으며, 그런 생각을 안 하는 편이 좋다). 해즐릿을 만나서 대화하면 그는 인간이라든가 사회라든가 우정 같은 주제에 대해 예리하고 깊은 통찰을 시니컬하면서도 재치 있게 들려줄 것 같다. 그런데 해즐릿은 그러면서 자기 이야기에 슬쩍 분열과 불협화음을 섞어 넣을 것 같고, 나는 그 분열과 불협화음 때문에 그의 이야기에 더 집중하게 될 것 같다.

내가 울프보다 훨씬 더 해즐릿에 열광하는 이유는 어쩌면 내가 2020년대를 살고 있어서인지도 모르겠다. 2020년대는, 혐오의 즐거움이나 죽음의 공포, 질투의 유용성, 비위에 거슬리는 사람들 같은 화제를 한사코 피하는 시대다. 사람들이 보는 곳에서는 혐오는 나쁜 것이라고 외쳐야 하며, 그 즐거움에 대해서는 정신건강의학과 상담을 받을 때에나 겨우 털어놓을 수 있다. 그 덕분에 우리는 혐오나 질투나 역겨운 사람들에 대해 제대로 탐구할 기회조차 잃어버린다. 우리 시대가 해즐릿의 시대보다 문명화됐다고 해야 할까, 아니면 지혜를 잃어버렸다고 봐야 할까. 그런 고강도의 지혜와 재치를 필요로 하는 분들께, 시니컬한 대화를 즐기고 어둠을 탐구할 가치가 있다고 믿는 분들께 해즐릿을 추천한다.

윌리엄 해즐릿

— 버지니아 울프

내가 해즐릿을 만났더라면 "우리는 잘 아는 사람을 좀처럼 증오하지 못한다"[1]라는 그의 신조에 근거하여 그를 마음에 들어 했을 것이다. 하지만 해즐릿이 죽은 지 백 년이 흘렀으니, 그의 글이 지금도 선명하게 불러일으키는 반감을 극복하려면 인간적으로나 지적으로 얼마만큼 그를 잘 알 수 있는가가 관건일 것이다. 해즐릿은 안개 속에서 지척거리다 자신의 하찮음으로 죽음을 맞는, 태도가 두루뭉술한 부류의 작가가 아니었다. 그의 에세이들은 단연 해즐릿 자신이다. 그는 말을 삼가는 법이 없고 수치도 모른다. 자신의 생각을 그대로 말하고 느낀 것도 그대로 말한다(이 배짱

---

[1] 『좌담(Table Talk)』(1821-1822)에 포함된 「왜 먼 것이 좋아 보이는가(Why Distant Objects Please)」에서.

은 덜 매력적이다). 남자라면 으레 그렇듯이 그는 자신의 존재를 어느 누구보다 치열하게 의식했다. 격렬한 증오나 질투, 전율하는 분노나 즐거움을 자신에게 부과하지 않는 날이 없었다. 그래서 그의 글을 읽기 시작하면 얼마 안 가서 우리는 매우 특이한 인물, 성미가 까다롭지만 고상하고, 심술궂지만 고결하고, 심히 독선적이지만 인류의 권리와 자유를 진심으로 열망하는 한 인물을 만나게 된다.

해즐릿이 쓴 에세이의 베일은 매우 얇아서 그것을 벗기면 다름 아닌 그의 얼굴이 드러난다. 그것은 콜리지[2]가 본 그대로 "이마를 아래로 드리우고, 신발을 관조하는 듯한 기이한" 사람의 모습이다. 해즐릿이 지척지척 방으로 들어온다. 그러면서 누구의 얼굴도 똑바로 쳐다보지 않고 물고기 지느러미 같은 손으로 악수를 나눈다. 그리고 간혹 한쪽 구석에서 악의에 찬 눈으로 흘끗 쳐다본다. "그의 태도는 백에 아흔아홉 번은 희한하게 기분이 나쁘다"라고 콜리지는 말한다. 하지만 이따금 해즐릿의 얼굴은 이지적 아름다움을 발하며 환해지고, 그의 태도는 동정심과 이해심으로 빛난다. 또한 그의 글을 계속 읽다 보면 우리는 그가 품은 갖

---

[2] Samuel Taylor Coleridge(1772-1834), 영국의 시인, 비평가, 철학자. 해즐릿은 스무 살에 콜리지를 처음 만나 그를 숭배하다시피 했지만 훗날 그를 진보적 사상을 저버린 변절자로 비난했다.

은 적의와 불만을 잘 알게 된다. 해즐릿의 글을 보면 그는 주로 여인숙에서 생활했던 것으로 추측된다. 그의 식탁을 빛내는 여자의 모습은 없다.

아마도 찰스 램[3]은 예외일 텐데, 해즐릿은 모든 오래된 친구들과 다투었다. 하지만 그의 유일한 결점이라면 원칙에 충실하고 "정부의 도구가 되지 않았다"는 것뿐이었다. 해즐릿은 악의적 박해의 대상이었다. 일례로《블랙우드 매거진》[4]의 비평가들은 해즐릿의 얼굴이 설화석고처럼 희었는데도 그를 "여드름투성이 해즐릿"으로 칭했다. 이런 식의 거짓말들이 활자화되었고, 그러면 그는 친구들을 만나러 가기를 꺼렸다. 친구의 하인들이 그에 관한 기사를 읽었고 하녀들은 그의 등 뒤에서 소리 죽여 웃기 때문이었다. 해즐릿은 일류 지성인이었다(아무도 이를 부인할 수 없을 것이다). 그가 당대 최고의 문장가였다는 사실은 반론의 여지가 없다. 하지만 여자들에게 그게 다 무슨 소용이었던가? 세련된 귀부인들은 학식 있는 사람들을 존중하지 않는다. 그녀들의 몸종들도 마찬가지다. 그래서 해즐릿의 불평불만에 찬 소리가 계속 새어 나와 우리의 마음을 어지럽히고 짜증 나게 만든다. 하지만 그에게는 반감을 무너뜨리고 그것을

---

3 Charles Lamb(1775-1834), 영국의 수필가.
4 Blackwood's Magazine(1817-1980), 영국의 보수 월간지.

따뜻하고 복잡한 무언가로 재구성하는 매우 독자적이고, 명민하고, 섬세하고, 열광적인 무언가가 있다(그는 자신을 잊을 수 있을 때는 열정적으로 다른 것들에 대한 사색에 몰두한다). 해즐릿의 말이 맞다.

> 우리의 두려움과 미움의 대상은 가면일 뿐이다. 사람이라면 인간적인 무언가가 있을 것이다! 사람들을 멀리서 보거나 부분적인 묘사만 보고, 또는 어림짐작으로 그들에 대해 품는 생각들은 복합적이지 않고 단편적이어서 실제와는 아무런 관련이 없다. 반면에 경험을 통해 형성된 관념에는 다양한 모습들, 유일하게 진실한 모습들, 대체로 가장 호의적인 모습들이 섞여 있다.[5]

해즐릿의 모든 글을 읽고도 계속해서 그를 복합적이지 않고 단순하게 생각할 사람은 단언컨대 한 명도 없을 것이다. 그는 본래 기질이 두 갈래로 나뉜 사람이었다. 즉 정반대가 되는 두 종류의 직업에 거의 같은 재능을 가진 분열된 본성의 소유자였다. 그가 처음에는 에세이가 아니라 회화와 철학에 이끌렸다는 점은 의미심장하다. 화가의 고고하고 조용한 예술에는 고뇌하는 그의 영혼에 피난처가 되어

---

5 「왜 먼 것이 좋아 보이는가」에서.

주는 무언가가 있었다. 그는 화가들의 노년이 얼마나 행복한가에 주목하며 부러워했다. "그들의 정신은 마지막까지 살아 있다." 해즐릿은 들판과 숲으로 나가 검정 잉크와 흰 종이뿐 아니라 밝은 색 물감을 다루고, 견고한 붓과 캔버스를 도구로 쓰는 그 직업을 갈망하며 그림에 마음을 쏟았다. 동시에 그는 구상적 아름다움을 관조하는 일에 안주하지 않고 추상적 호기심에 사로잡혔다. 열네 살 소년이었을 때 유니테리언교의 훌륭한 목사인 그의 아버지가 예배당에서 나오는 어느 할머니 신도와 종교적 관용의 한계에 대해 논쟁하는 것을 들었다. 해즐릿은 "바로 그 일이 내 장래의 운명을 결정지었다"고 말했다. 그것은 정치적 권리와 일반적인 법제 체계에 대한 생각을 마음속으로 구상하는 계기가 되었다.

그는 "세상사의 이치를 납득"하고 싶었다. 그때부터 두 갈래의 이상이 충돌하기 시작했다. 사상가가 되어 "세상사의 이치"를 간단하고 정확한 말로 표현하는 삶, 아니면 화가가 되어 파란색과 진홍색에 흡족해 하며 신선한 공기를 마시고 희노애락에 젖어 관능적으로 살아가는 삶. 이 둘은 상이하고 어쩌면 양립할 수 없는 이상이었다. 해즐릿의 모든 감정처럼 이 둘 다 만만치 않았고, 그는 둘 다에 정통하기 위해 애를 썼다. 때로는 한쪽에 굴복하고 또 때로는 다른 한쪽에 굴복했다. 그는 몇 달 동안 파리에서 살면서 루브르 미술관의 명화들을 모사했다. 집에 돌아와서는 보닛을 쓴 노파의 초상화를 그리는 일에 매일같이 매달리며 렘브란트의 천재성의 비밀을 발견하고자 근면과 노력을 기울였다. 하지만 그는 어떤 소질이 부족했다. 그건 창의력의 부족이었는지도 모른다. 결국 걱정에 휘말려 캔버스를 갈기갈기 찢고 절망하다가 그림을 벽 쪽으로 돌려놓았다. 이와 동시에 그는 『인간 행동론』을 쓰고 있었다. 해즐릿은 이 책을 자신의 다른 모든 저작보다 좋게 여겼다. 현란하지 않고 화려한 수식 없이, 독자의 마음에 들거나 돈을 벌고 싶어서가 아니라 오직 진리를 찾고 싶은 절박한 욕구를 만족시키기 위해 평이하면서도 진실하게 썼기 때문이었다. 물론 "그 책은 출판사에서 무산시켰다." 한편, 자유의 시대가 왔으며 왕정 독재는 끝났다는 그의 신념과 정치적 희망은 수포로 돌아갔다. 친구들은 정부에 투항했으나 해즐릿은 평생 소수파로 남아서 자유와 동포애와 혁명의 신조를 옹호했으며 그러기 위해서는 그만큼 많은 독선이 필요했다.

이렇듯 해즐릿은 분열된 심미안의 소유자로 포부가 좌절된 사람이었다. 어린 시절에도 그랬지만 그에게 행복은

뒷전에 처져 있었다. 어렸을 때 각인된 첫인상들은 평생 그의 마음에 남았다. 그는 가장 행복한 기분일 때도 앞날이 아니라 지난날을 바라보았다. 어렸을 때 뛰놀던 정원, 슈롭셔의 푸른 구릉, 희망이 아직 자기 것이었을 때의 그 모든 풍경들을 바라보았고, 그러면 평화가 조용히 그를 감쌌다. 그는 화폭이나 책에서 고개를 들어 마치 내면의 평온이 밖으로 표현된 것이기라도 한 듯이 들판과 숲을 바라보았다. 그러다가 다시 찾는 것은 자랄 때 읽던 책들이었다. 루소와 버크, 그리고 『주니어스의 편지』.[6] 이 작가들과 글들이 어린 해즐릿의 상상력에 지운 인상은 영원히 지워지지 않았고 덧씌워지지도 않았다. 청년 시절이 지나고 그는 더이상 즐거움을 위해 책을 읽지 않았다. 청년 시절과 그때의 순수하고 강렬했던 즐거움은 이내 뒤로 남겨졌다.

이성의 매력에 대한 해즐릿의 감수성을 고려하면 물론 결혼은 했다. 그리고 "조롱을 부르는 보기 흉한 모습"에 대한 그의 자의식은 결혼 생활이 행복하지 않았음을 암시한다. 찰스 램 부부의 집에서 사라 스토다트를 처음 만났을 때 램 부인이 시간 약속을 잊고 늦자 스토다트가 주전자를 찾아 물을 끓이는 상식적인 모습에 호감을 가졌다. 하지만

---

6 주니어스(Junius)는 1769년부터 1772년에 걸쳐서 런던의 신문에 게재된 익명 투서에 쓰인 필명이다. 국왕과 각료 등 당시의 지배층을 비판했다.

그녀는 가사에 전혀 소질이 없었다. 그녀의 적은 수입은 결혼 생활의 부담을 해소하기에 충분하지 않았다. 그러자 해즐릿은 여덟 장 쓰는 데 팔 년 걸리는 글을 집어치우고 저널리스트가 되어 정치와 연극과 미술과 책에 대해 적당한 길이의 글을 적절한 때 쓰는 일에 뛰어들어야 했다. 밀턴이 살았던 요크가에 있는 낡은 집의 벽난로는 어떤 에세이를 쓸지에 대한 발상으로 낙서투성이가 되었다.[7] 해즐릿 부부의 습관으로 알 수 있듯이 그 집은 정돈돼 있지 않았다. 다정하고 편안한 분위기가 정돈 상태의 결여에 대한 핑계가 될 수는 없었다. 해즐릿 부부는 벽난로에 불도 피우지 않고, 커튼을 걷지도 않은 채 오후 두 시에 아침을 먹기에 이르렀다. 걷기를 좋아하는 튼튼한 여자이며 영민했던 해즐릿 부인은 남편에 대한 망상이 없었다. 남편은 아내에게 충실하지 않았는데, 이 사실을 그녀는 감탄스러울 만큼 상식적으로 직시했다. 하지만 그녀는 일기장에 "그이는 내가 늘 그와 그의 능력을 경멸한다고 말했다"라고 썼는데, 그건 상식이 도를 지나친 것이다. 무미건조한 결혼 생활은 어설픈 종말을 맞았다. 가정과 남편이라는 방해물에서 마침내 자유로워진 사라 해즐릿은 부츠를 신고 스코틀랜드로 도보

---

[7] 해즐릿은 요크가 19번지를 제러미 벤덤으로부터 세내어 산 적이 있다.

여행을 떠났다. 한편 해즐릿은 어디에도 애착을 느끼지도 위안을 얻지도 못하고 여인숙을 전전하며 굴욕과 환멸의 고통을 겪었다. 하지만 연신 진한 차를 마셨고 여인숙 집 딸과 사귀었으며, 그런 가운데 우리가 읽는, 당연히 최고에 속하는 에세이들을 썼다.

해즐릿의 에세이들이 최고 중의 최고라고 하기에는 조금 부족한 것도 사실이다. 몽테뉴나 찰스 램의 에세이처럼 기억에 끊임없이 떠오르며 고스란히 남지는 않으니 말이다. 완성도나 통일성 면에서 해즐릿은 좀처럼 그 위대한 작가들에게 미치지 못한다. 어쩌면 그런 짧은 글들을 쓰려면 본질적으로 글에 통일성과 제 자신과의 갈등이 없는 마음이 있어야 하기 때문인지도 모른다. 조금만 일치하지 않는 부분이 있어도 글의 구성 전체가 흔들리는 것이다. 몽테뉴나 찰스 램의 에세이에는 말이 억제되어 있는데 이는 자제력에서 나온다. 그들의 글이 아무리 친밀해 보여도 감춰져 있기 원하는 것은 절대로 말하지 않는다.

하지만 해즐릿은 다르다. 그의 에세이들은 가장 훌륭한 것도 다소 분열적이고 불협화음적인 면이 있다. 마치 순간순간 몇 번 괜찮다가도 결국 합일에 이르지 못한 두 지성인이 함께 쓴 글과 같다고나 할까. 먼저 세상의 이치를 납득하고 싶어하는 탐구적인 소년의 지성이 있다. 이는 사상가의 지성이다. 대체로 주제를 선택할 자유가 허용된 사상가다. 그는 부러움, 이기주의, 이성과 상상력 같은 추상적 개념을 선택한다. 그는 기운차게 독자적으로 주제를 다룬다. 주제를 여러 갈래로 살피고 마치 오름새가 어렵지만 분발케 하는 산길을 오르듯 좁은 길들을 찾아 오른다. 그렇게 경기에 임하는 운동 선수처럼 전진하는 해즐릿과 비교하자면 램의 글은 나비가 이 꽃 저 꽃 사이를 변덕스럽게 날아다니다 잠시 생뚱맞게 헛간에 앉기도 하고 손수레에 앉기도 하는 모습을 보는 것 같다. 하지만 해즐릿의 문장은 하나하나 우리를 앞으로 나아가게 한다. 그는 목표가 있고 그것을 시야에서 놓지 않는다. 도중에 어떤 사고가 발생하지만 않으면 그는 "꾸미지 않은 대화체 산문"으로 그 목표를 향해 성큼성큼 다가간다. 그가 지적하듯이 그런 산문이 미문보다 훨씬 더 쓰기 어렵다.

  사상가 해즐릿이 훌륭한 벗이라는 점은 의심할 여지가 없다. 그는 강하고 두려움을 모른다. 그리고 자신의 생각을 잘 알고 그것을 힘차게, 게다가 눈부시게 말한다. 신문 독자들은 눈이 흐릿한 종족이라 이들에게 잘 보이려면 눈부셔야 하기 때문이다. 하지만 사상가 해즐릿 옆에는 예술가 해즐릿이 있다. 그 예술가는 관능적이고 감성적인 사람이었다. 그런 그는 색채와 기법에 대한 감수성이 있고, 프로 권투와 사라 워커를 향한 열정을 지녔다. 그리고 단단하고 온기를 가진 세상이라는 몸통이 품에 꼭 껴안아 달라고 조를 때 이성을 혼란에 빠트리고 지력으로 사물과 현상을 해부하는 일을 무익해 보이게 만드는 그 모든 감정들에 민감했다. 세상의 이치를 안다는 것이 세상을 느끼는 능력을 대체하기에는 너무 빈약하다. 그런데 해즐릿은 시인처럼 강렬하게 세상을 느꼈다. 그의 에세이에서는 가장 추상적인 것들도 그에게 과거를 떠올리게 하면 별안간 적열이나 백열로 불타오른다. 어떤 풍경이 상상을 자극하거나 어떤 책이 그것을 처음 읽은 때를 떠올리게 하면 그는 섬세한 분석의 펜을 내려놓고 물감을 가득 묻힌 붓으로 한두 구절에 눈부시고 아름다운 색을 입힌다.

은제 주전자의 커피를 마시며『사랑에는 사랑』을 읽을 때와 차게 식은 치킨 요리를 먹으며『신엘로이즈』를 읽을 때에 대한 해즐릿의 유명한 구절을 모르는 사람은 없다. 그런데 그 구절들은 문맥상 묘한 곳에서 얼마나 억지로 끼어드는지 그것을 읽는 우리는 이성적인 글에서 열광적인 글로 생각을 전환하느라 정신이 없다. 우리의 준엄한 사상가가 우리에게 짐을 지우고 공감을 요구할 때는 얼마나 난감한지! 바로 이 불균형과 두 가지 다른 힘의 갈등 의식 때문에 평정은 교란되고 해즐릿의 가장 훌륭한 에세이들 중 어떤 것들은 결론에 이르지 못한다. 이런 에세이들은 무언가를 증명하려고 시작해서 결국은 우리에게 그림 하나를 안겨 준다. 우리는 증명의 단단한 바위 위에 서 있는 듯하다가 바위가 수렁으로 변하는 것을 보는데 그러면 어느새 무릎이 진흙과 물과 꽃무리 속에 빠져 있다. "히아신스 같은 머리 타래에 앵초처럼 창백한 얼굴"이 우리 눈앞에 어른거린다. 튜들리의 숲은 우리의 귀에 신비한 목소리를 불어넣는다. 그러다 우리는 제자리로 소환되고, 준엄하고 박력 있고 냉소적인 우리의 사상가는 다시 분석하고 해부하고 비판하는 일에 우리를 끌어들인다.

이렇게 해즐릿을 그 방면의 다른 위대한 대가들과 비교하면 그의 한계가 어디에 있는지 보기 쉽다. 그가 다루는 범위는 좁고, 그가 지지하는 대상은 많지 않지만 일단 지지하면 열정을 바친다. 아무것도 거부하지 않고 모든 것을 관용하고 풍자와 초연함으로 영혼의 유희를 지켜보는 몽테뉴와는 달리, 해즐릿은 모든 경험을 문을 활짝 열어 받아들이지 않는다. 도리어 그의 마음은 첫인상들을 집요하게 붙들어 문을 꼭 닫고는 그것들을 불변의 확신으로 동결시킨다. 해즐릿은 찰스 램처럼 상상과 백일몽의 환상적인 비약을 하지 않았고, 그처럼 친구들을 등장인물로 새롭게 창조하고 과장해서 쓰지 않았다. 해즐릿은 자신이 실제로 여기저기 시선을 보내며 사람들을 관찰할 때 그러듯이 예민하고 의심하는 눈으로 옆을 흘깃 보는 것처럼 그들을 묘사한다. 그는 빙빙 돌거나 어슬렁거리는 에세이스트의 자유를 발휘하지 않는다. 그는 한 기간과 한 장소와 한 존재에 대한 확신이나 자기본위에 속박되어 있다. 우리는 그의 시대가 19세기 초 영국이라는 점을 결코 잊지 않는다. 그야말로 우리는 사우스햄튼의 어느 건물이나 구릉지, 윈터슬로의 큰길이 보이는 여인숙 휴게실에 있는 기분이 들기도 한다. 우리를 그와 같은 시대의 사람으로 만드는 해즐릿의 능력은 매우 놀랍다.

그의 많은 책들 가운데 많은 공을 들였으면서 의무적으로 애정 없이 쓴 부분들을 읽다 보면 그를 다른 에세이스트들과 비교하는 일을 그만두게 된다. 그런 글들은 독립적이고 그 자체로 충분한 에세이임에도 인간의 행동을 이루는 동기나 인간이 만든 제도의 본질을 파고드는 어떤 긴 책에서 떨어져 나온 조각들 같다. 이 조각들이 생겨난 것은 우발적일 뿐이며, 이것들을 화려한 비유로 다채롭게 장식한 이유는 오직 그가 대중의 기호를 존중하기 때문이다. 해즐릿이 다른 형태의 구문으로 자주 쓰면서 자신이 추구할 방향을 암시하는 말이 있다. 즉 "여기서 좀 더 자유로이 주제에 파고들어 내 머릿속에 떠오르는 대로 사실과 예증을 곁들이겠다"[8]와 같은 것인데, 이런 말이 『엘리아 수필집』이나 '로저 드 커벌리 경'의 글에 쓰이는 일은 있을 수 없다.

  해즐릿은 인간 심리의 묘한 깊이를 모색하고 세상사의 이치를 찾아내기를 좋아한다. 그는 어떤 흔한 말이나 감동 뒤에 숨은 불명료한 원인들을 찾아내는 일에 누구보다 뛰어나고, 그의 머릿속 서랍들에는 실례와 논거가 풍부하다. 우리는 해즐릿이 자기는 이십 년 동안 깊은 생각을 했으며 모진 아픔을 겪었다고 하는 말을 믿는다. "길고 깊고 강렬한 의견과 감정의 줄기들이 단 하루의 사색이나 독서에도 얼마나 많이 뇌리를 스쳐가는지 모른다!"라고 말할 때 그는 경험으로 알고 말하는 것이다. 확신은 그에게 생명선이다. 그가 가진 개념들은 종유석처럼 다년에 걸쳐 한 방울 한 방울 떨어져 형성되었다. 그는 수없이 홀로 산책하며 그 개념들을 날카롭게 갈았다. 사우스햄튼 여인숙에서 늦은 저녁

---

8 「천재와 상식에 관하여(On Genius and Common Sense)」

을 먹으며 한쪽 구석에 앉아 냉소적인 관찰자로 논쟁에 논쟁을 거듭하며 그것들을 시험했다. 하지만 그는 자신의 개념들을 변경하지는 않았다. 해즐릿의 마음은 해즐릿의 것이었고 이미 결정되어 있었다.

아무리 추상적 개념이 신선함을 잃었다 할지라도 해즐릿의 글에서는 중요하고 실질적이다. 그는 피상적인 것이라도 사고의 수면 위에 계속 떠 있기 위해 자신의 두뇌가 느슨해지는 것을 허용하거나 생생한 표현에 대한 자신의 탁월한 재능에 의존하지 않는다. 자신의 일에 달려드는 야수성과 비판 의식을 보면, 오직 진한 차와 의지력에 의존하여 머리를 맷돌에 억지로 갈아대듯이 글을 쓰는 게 분명할 때도 그는 신랄하고 탐색적이고 예리하다. 해즐릿의 상반된 재능들이 긴장을 유지시키는 듯이 그의 에세이에는 동요와 분쟁, 활기와 갈등이 있다. 그는 항상 미워하고 사랑하고 생각하고 고민한다. 그는 절대로 권위와 타협하지 않고 여론을 존중한답시고 자신의 고유성을 버리지도 않았다. 그렇게 맷돌에 쓸리고 괴로움을 겪으며 썼더라도 그의 에세이들은 수준이 놀랍다. 거기에 쓰이는 비유적 표현들은 가끔 메마를 때가 있어도 멋지고 화려하며, 옆으로 새지 않는 문장 흐름이 단조로울 때도 있지만 (해즐릿은 "평범함과 무미건조함과 특색의 결핍은 독자가 앉은자리에서 오랫동안 읽을 수 있는 쉬운 작가가 되기엔 큰 결점이다"라고 한 자신의 말을 맹신했기에) 그의 에세이들 가운데 사고의 기압과 직관의 번득임과 통찰의 순간이 없는 게 거의 없다. 그의 글에는 훌륭한 격언과 뜻밖의 표현과 독자성과 독창성이 그득하다. "인생에서 기억할 가치가 있는 것은 한 편의 시와 같다." "진실을 말하자면 가장 불쾌한 사람들이 가장 상냥한 사람들이다." "그 유명한 대학교의 학생들이나 학장들과 열두 달을 함께하는 것보다 런던에서 옥스퍼드로 가는 역마차의 운전석 옆에서 좋은 이야기들을 더 많이 들을 수 있다." 그의 글에서는 따로 두었다가 나중에 찬찬히 음미하고 싶은 격언들이 끊임없이 우리를 잡아당긴다.

에세이와 마찬가지로 해즐릿은 책으로 여러 권에 이르는 비평을 남겼다. 강사로 또는 비평가로 해즐릿은 영국 문학의 대부분을 섭렵하고 유명한 책들 대부분에 의견을 내놓았다. 그의 비평은 집필 환경 때문에 느슨하고 초고 같은 면이 있기는 해도 민첩하고 대담하다. 많은 분야를 다뤄야 하고, 독자가 아닌 청중에게 요점을 분명히 알려야 하며, 풍경 속에서 가장 높은 탑들과 가장 빛나는 봉우리들만 가리커 보일 시간밖에 없다. 아무리 형식적인 서평을 써도, 조예가 깊은 비평가들마저 곧잘 놓치고 소심한 비평가들은 절대로 획득하지 못하는 작품의 중요성과 윤곽을 포착해서 보여 주는 해즐릿의 그 능력을 우리는 느낀다. 해즐릿은 책을 읽는 수고를 들이지 않아도 그 책에 대해 쓸 수 있을 정도로 많은 사색을 거친 드문 비평가 부류다. 해즐릿이 존 돈의 시를 단 한 편만 읽었어도, 셰익스피어의 소네트를 이해할 수 없다고 해도, 독서 자체를 정말로 싫어하게 되었어도 그런 건 별로 중요하지 않다. 그는 일단 무언가를 읽으면 열정을 바쳐 읽었다. 비평가의 의무는 "작품의 색채와 빛과 명암, 보이는 것과 안 보이는 것 전부를 반영하는 일"인 까닭에 미묘한 분석이나 오랫동안의 폭넓은 연구보다 작품에 대한 욕구와 열정과 기쁨이 훨씬 더 중요하다고 해즐릿은 생각했다.

　해즐릿의 목적은 자신의 열정을 전달하는 것이었다. 따라서 그는 먼저 힘차게 곧장 획을 그어 저자의 모습을 드러내고 그것을 다른 저자와 대비시킨다. 그런 다음, 그 책이 머릿속에 남긴 가물거리는 흔적을 바탕으로 자유로운 비유와 색채를 써서 빛나는 유령을 그려낸다. 시적인 요소는 열렬한 표현으로 재창조된다. "이 시는 천재의 숨처럼 순수하고 강한 향기를 발산한다. 금빛을 머금은 구름이 그 향기를 덮어 가리고, 꿀처럼 달콤한 시어의 반죽이 앵초의 당의(糖衣)처럼 감싸고 있다." 그러나 분석가 해즐릿은 결코 표면에서 멀리 떨어져 있지 않기에 화가의 비유적 표현은 억제된다. 문학에는 견고함과 영속성이 있으며, 책이 무엇을 의미하며 어디에 위치시켜야 하는지에 대한 그의 신경과민적 관념 때문이다. 이 관념이 그의 열의를 조직하고 이 열의에 관점과 윤곽을 부여한다. 그는 저자의 독특한 점을 뽑아내서 그것을 힘차게 드러낸다. 거기엔 "내면 깊이 지속적으로 흐르는 초서의 정서"가 있다. "크래브[9]는 비극의 정물화를 시도하고 성공한 유일한 시인이다"라고 그는 말한다. 월터 스콧에 대한 해즐릿의 비평에 무기력하거나 약하거나 단순히 장식적인 부분은 전혀 없다. 분별력과 의욕이 협력하는 것이다. 그런 비평이 최종적이라기보다 그 반대라면, 종결적이고 완결된 것이라기보다 시작이고 격려하는 것이라면, 그것은 비평가의 장점이다. 해즐릿은 독자들에게 여행을 떠나게 하고 간결한 표현으로 독자의 상상력을 자극하여 그만의 탐험을 촉발시킨다. 에드먼드 버크를 읽을 동기가 필요하다면 "뱀처럼 돌기가 있는 버크의 문체는 번개처럼

---

9 George Crabbe(1754-1832), 영국의 시인.

갈라지고 쾌활하다"라는 것보다 더 좋은 말이 어디 있을까? 또는 누구든 먼지가 쌓인 고전의 물가에서 어떻게 할까 전전긍긍하고 있다면 다음과 같은 구절은 독자를 곧장 물에 뛰어들게 하기에 족하다.

> 고대인들의 지혜를 사색하는 것은 즐겁다. 나를 항상 응시하고 있는 내 이름 대신에 위인의 이름을 곁에 두고, 나 자신을 벗어나 갈데아인이나 히브리인이나 이집트인과 같은 인물들의 세계로 여행하고, 책장 언저리에 종려나무가 신비하게 하늘거리고, 저멀리 삼천 년 전 낙타들이 느릿느릿 움직이는 모습을 상상하는 것이 즐겁다. 학식이라는 메마른 사막에서 우리는 힘과 인내와 지식의 물릴 줄 모르는 묘한 갈증을 얻는다. 폐허가 된 고대의 유적도 거기에 있다. (독사가 도사리고 있는) 땅속에 묻힌 도시들의 파편들과 시원한 샘물, 푸르고 양지바른 곳들, 회오리바람과 사자의 포효, 천사의 날개가 드리우는 그림자도.

말할 필요도 없이 이것은 비평이 아니다. 안락의자에 몸을 묻고 난로를 응시하며 책에서 본 것을 머리에 그리고 있는 것이다. 그것은 사랑의 행위이며 사랑하는 사람이 마음대로 하는 특전을 누리는 것이다. 즉 해즐릿이 되는 것이다.

하지만 해즐릿의 이름은 강연이나 여행기, 또는 『나폴레옹의 생애』나 『노스코트 대담』(이 책들이 표현의 힘과 고결함과 조각난 간헐적 광채로 그득할지라도, 그리고 지평에 어른거리는 아직 쓰여지지 않은 어떤 방대한 책의 모습을 어렴풋이 보여줄지라도)으로 남지 않을 것 같다. 해즐릿의 이름은 에세이로 남을 것이다. 그 안에는 다른 곳에서 낭비되고 흐트러진 그 모든 힘이 정제되어 들어 있다. 그의 복잡하고 고통받는 영혼의 부분들이 에세이에서 친선과 화합의 정전 협정을 맺고 하나가 된다. 어쩌면 그렇게 하나가 되기 위해 필요했던 건 맑게 갠 날이나 핸드볼 게임이나 긴 전원 산책이었을지 모른다. 몸은 해즐릿이 쓰는 모든 글에서 큰 부분을 차지한다. 글을 쓸 때 온 신경을 집중시키는 자연스러운 몽상의 심리 상태가 해즐릿을 감쌌고, 그는 팻모어[10]가 "방해하고 싶지 않을 만큼 순수하고 고요한 평온"이라고 일컫는 상태로 날아올랐다. 그의 두뇌가 부드럽고 빠르게 무의식적으로 작동했다. 그의 펜에서 책장(册張)이 흘러나오듯 해즐릿은 한 자도 지우지 않고 글을 써내려갔다. 그의 마음은 행복의 환희 속에서 책과 사랑, 과거와 과거의 아름다움, 현재와 현재의 안락, 오븐에서 금방

---

10 Coventry Patmore(1823-1896), 영국의 시인이자 문학 비평가.

구워 낸 따끈한 메추라기나 팬에서 지글대는 소시지 요리를 가져올 미래를 배회했다.

창밖을 내다보니 방금 소나기가 내렸나 보다. 소나기에 들판이 푸르러 보이고 장밋빛 구름이 산마루에 걸쳐 있다. 예쁜 초록색과 흰색으로 단장한 백합이 수분을 머금고 꽃잎을 펼친다. 목동이 방금 데이지꽃과 풀이 자란 뗏장 조각을 가져왔다. 그의 젊은 여주인을 위해, 얼룩덜룩한 새벽빛에 날개를 담글 운명이 아닌 종다리의 침상을 만들어 주려는 것이다. 나의 몽롱한 생각이 물러간다, 격한 정치의 폭풍이 지나갔다. 블랙우드 씨, 나는 당신 것입니다. 크로커 씨, 안부 인사 드립니다. 무어 씨, 나는 잘 있습니다.

그러곤 분열도 불화도 쓰라림도 없다. 다른 기능들이 조화롭게 하나가 되어 움직인다. 대장장이의 망치가 모루에 부딪치는 듯한 건강한 소리를 내며 문장들이 이어진다. 낱말들은 빛나고 불꽃이 튀어 오른다. 그리고 그 빛이 서서히 흐려지며 에세이는 끝을 맺는다. 해즐릿의 글에는 영감을 받아 쓰인 구절들이 있듯이 그의 삶에도 강렬한 기쁨의 시절이 있었다. 백 년 전, 그가 소호의 하숙방에서 죽어 가고 있었을 때 예전의 그 호전적이고 확신에 찬 목소리가 크게 울렸다. "그래, 나는 행복한 삶을 살았어." 해즐릿의 책을 읽기만 하면 그 말을 믿게 된다.

버지니아 울프는 1930년 윌리엄 해즐릿 사후 100주년을 맞아 이 에세이를 썼다. 그녀는 이 글을 쓰기 위해 8개월에 걸쳐 해즐릿의 방대한 전작을 다 읽었다.

"문학 작품의 중요성과 윤곽을 포착해서 보여 주는 해즐릿의 그 능력"을 울프는 칭찬한다. 그 능력은 "조예가 깊은 비평가들마저 곧잘 놓치고 소심한 비평가들은 절대로 획득하지 못하는" 것이라고 말한다.

해즐릿이 문학의 "견고함과 영속성"을 명철하게 통찰하여 "저자의 독특한 점을 뽑아내서 그것을 힘차게" 드러내는 것은 울프의 글쓰기 목표와 같다.

고통보다

즐거움을 유지하는 데

더 큰 정신적 노력이

들기 때문에

혐오의 즐거움에 관하여

　방바닥 매트 위에 거미 한 마리가 있다. (감탄스러운 「거미에게」에서 우화로 아주 잘 그려진 거미는 아니지만 똑같이 교훈을 주는 거미다.) 의자에 앉아 있는 나를 향해 경솔하게 바삐 뒤뚱뒤뚱 뛰어온다. 그러다 거인의 그림자와 마주치자 문득 멈춰 선다. 후퇴할지 전진할지 잘 모르겠는 듯 가만히 거대한 적을 관찰한다. 거미는 파리가 재수없이 덫에 걸리면 덜컥 덮치겠지만 나는 이 불쌍한 낙오병 거미를 잡으려고 일어나지도 않는다. 거미는 이내 용기를 내어 과감히 전진한다. 약삭빠름과 건방짐과 두려움으로 똘똘 뭉친 놈인 듯하다. 나는 거미가 내 옆을 지나갈 때 매트를 들어 탈출을 도와준다. 달갑지 않은 침입자를 내쫓고 나는 마음이 홀가분해졌다가 무언가가 떠오르자 몸서리친다. 어린 아이나 여자나, 시골뜨기나 백 년 전의 모럴리스트라면 이 작은 절지류를 짓밟아 죽였으리라는 것이다. 나의 인생철학은 그 단계에 머물러 있지 않다. 그러나 악의를 품지는 않을지언정 거미란 놈은 보기도 싫다. 악의에 찬 정신은 그것의 실제 행사보다 더 오래간다. 우리는 의지를 조절하여 악의가 행동으로 드러나지 않게 그것을 박애의 정신 안에 가두어 놓는 법을 배운다. 그런 다음 악의에 대한 감상과 상상마저 온화한 상태로 억누를 수 있기까지는 오랜 시간이 걸린다. 우리는 겉으로 드러나는 표현 즉 야만적인 폭력은 포기해도 적대감의 본질 또는 그 원칙과는 결별하지 못한다. 문제의 그 작은 동물을 짓밟지는 않는다. (그건 야만스럽고 한심한 짓일 테니!) 하지만 우리는 거미를 볼 때 왠지 막연한 두려움과 미신적인 혐오 같은 것을 느낀다. 이런 편견에서 벗어나 불길한 거미족을 보고 인간이 나름의 놀람과 악의 대신에 어느 정도 따뜻한 인정을 느끼기까지는 또다시 백 년 간의 명문(名文)과 냉철한 사고가 요구될 것이다.

인간의 본성은 깊이 들여다보면 볼수록 반감들로 이루어져 있는 듯하다. 혐오할 게 없으면 생각과 행동의 원천마저 잃어버릴 것 같다. 삐걱거리는 이해관계, 제멋대로인 열정으로 계속 파문을 일으키지 않으면 삶은 고인물이 될 것이다. 우리의 운수에 생기는 흰 줄은 그 주위가 어두울수록 더 밝아진다(또는 잘 드러난다). 무지개의 모양은 배경에 구름이 있어야 선명하다. 그 감정은 교만일까? 시기일까? 대비의 효력일까? 약점일까, 악의일까? 인간은 악을 갈망하는 마음이 있어서 나쁜 짓을 해도 운 좋게 생각되는 비뚤어진 쾌감을 얻는다. 나쁜 짓은 변함없는 만족의 원천이기 때문이다.

  인간은 순수한 선에 금방 싫증을 내고 변화와 활기를 원한다. 고통은 씁쓸하면서도 달콤하며, 이 맛은 물리지 않는다. 사랑은 조금만 탐닉해도 무관심이나 역겨움으로 변한다. 혐오만이 죽지 않는다. 어디를 가나 이 원칙이 작용하는 것이 보이지 않는가? 짐승들은 무자비하게 서로를 물어뜯는다. 어린아이들은 재미로 파리를 죽인다. 모든 사람들이 사고와 범죄에 관한 신문 기사를 최고의 잡담거리로 삼는다. 불이 나면 온 마을 사람들이 현장으로 달려가 구경한다. 그들은 화재가 진압되어도 결코 크게 기뻐하지 않는다. 불을 꺼야 한다고 생각하면서도 막상 불이 꺼지면 재미가 식는 것이다. 감정은 이해보다는 열정과 한편이다. 사람들은 비극적 사건을 목격하는 일이라면 열정적으로 떼지어 모인다. 버크가 말하듯이 옆길에서 공개 처형이 벌어지면 공연 중인 극장도 텅 빌 것이다. 낯선 들개나 바보, 미친 여자가 보이면 온 마을 사람들이 그들을 공격하고 괴롭힌다. 사회적 골칫거리가 본질적으로 공익적 요소인 셈이다.

교황과 부르봉 왕조, 종교 재판소가 얼마나 오랫동안 영국인들의 숨통을 트이게 해 주었으며, 영국인들은 그들의 이름을 별명으로 써서 울분을 해소했던가! 교황과 부르봉 왕조, 종교 재판소가 최근 우리에게 어떤 해를 입힌 적이 있던가? 아니, 없다. 그런데도 우리의 위장에는 항상 과잉의 담즙이 차 있으며 우리는 그것을 쏟아낼 대상이 필요한 것이다. 우리는 유령과 마녀의 존재에 대한 믿음을 버리기를 얼마나 싫어했던가! 사람들은 죽을 듯이 무서움을 타고 싶어서 유령이 필요했고, 박해하기를 좋아해서 마녀가 필요했다. 우리가 열망하는 것은 흥분의 질보다는 양이다. 우리는 무관심하고 권태로운 상태를 견디지 못한다. 물질이 그런 것처럼 마음은 진공 상태를 싫어하는 듯하다. 시대정신 때문에 이제 우리는 복수하고픈 분별없는 기분을 실행에 옮기지 못하더라도 표현을 통해 그것을 되살리고자 하며, 이전에 근거 없이 무서워하던 것들 즉 우리의 공포와 혐오의 대상인 유령들을 상상 속에 살려 두고 있다.

우리는 가이 포크스[1]의 형상을 만들어 불에 태운다. 매년 영국에서는 마을마다 포크스의 형상을 헝겊과 짚으로 만들어서 그를 야유하고 희롱하고 학대하는 축제가 열린다. 이제는 개신교 신도나 천주교 신도가 서로를 화형에 처하지 않는 대신 『포크스의 순교자 실록』 최신판을 구독해 읽는다. 월터 스콧의 소설들이 성공을 거둔 비결도 그와 비슷하다. 그의 소설들은 야만의 시대와 그 시대 사람들의 불화와 원한, 파괴와 낙담, 부당 행위와 복수, 정파나 종파, 전쟁과 음모로 다투는 파벌이나 족벌의 뿌리 깊은 편견, 치명적인 원한을 상기시킨다. 우리는 스콧의 모든 소설에서 혐오의 정신이 끼치는 영향을 충분히 감지한다. 그의 소설은 문명의 속박, 인간애의 얄팍한 포장을 벗긴다. "옷을 벗어라!"[2] 우리 마음속 야수가 다시 우리를 지배하고 우리는 사냥하는 짐승 같은 기분이 든다. 사냥개가 자다가 움찔하고 상상의 사냥감을 쫓아 내닫듯이, 마음은 본연의 자리에서 깨어나 무법적이고 얽매임이 없는 충동적이고 자유로운 상태로 되돌아간 것이 기뻐 야성의 환호성을 외친다.

모두가 제멋대로 행동한다. 즉 각자 나름의 방식으로 타

---

[1] Guy Fawkes(1570-1606), 영국 의회 폭파를 음모한 천주교 교구의 일원.
[2] 셰익스피어 『리어왕』 III. iv. 113.

락하는 것이다. 여기에는 제러미 벤덤의 팬옵티콘은 없다. 오웬[3]의 폐쇄적 평행사변형들도 없다. (롭 로이[4]는 팬옵티콘과 평행사변형 주거론에 반발하고 욕을 퍼부었을 것이다.) 더이상 길게 사리를 따지지도 않는다. 의지는 목표가 되는 대상으로 곧바로 직행한다. 산에서 흘러내리는 격류가 절벽으로 쏟아져 내리듯이, 각 개인이 행할 수 있는 가장 큰 미덕은 이웃에게 가할 수 있는 모든 해악을 동원하는 데 있다. 이는 분명 모든 이의 심금을 울리는 유쾌한 상상이다. 새들러스 웰스 극장이 뉴리버 수로와 연결된 인근 저수지의 물을 끌어다가 무대에 설치한 대형 물탱크에 채우자, 저 유명한 어빙 목사는 낡고 타파되다시피한 본래의 지옥불에 대한 상상을 칼레도니아 교인들에게 되살렸고, 그의 여성 청중은 그 광경을 즐기면서 놀라워했다. 가만히 앉아 도벳[5]의 구덩이를 슬쩍 들여다보는 것, 불과 유황을 가지고 스냅드래곤[6] 놀이를 하는 것, 어빙 목사가 지옥에 가는 사람들에게 가해질 고문을 만들어내야 했을 때처럼 엄

---

3 Robert Owen(1771-1858), 영국의 사회 개혁가. 세대가 개인적인 주거 공간을 갖되 응접실과 서재와 부엌 등은 공동의 공간이 되어야 하며, 어린이는 3세 이상부터 공동체 생활을 해야 한다는 유토피아적 사회주의를 구상했다. 이른바 평행사변형 주거론이다.
4 Rob Roy(1671-1734), 스코틀랜드의 로빈 후드 즉 무법자로 훗날 민족 영웅이 되었다.
5 『성경』「열왕기하」23:10. 도벳은 산 제물로 어린아이를 불태우던 예루살렘 근처의 땅.
6 snap-dragon. 건포도를 넣은 브랜디에 불을 붙인 뒤 그 건포도를 꺼내 먹는 크리스마스 놀이. 약한 살갗에 따끔한 감전 같은 자극을 준다.

숙하고 악의에 찬 듯한 목사를 보는 것은 "괴롭지만 즐겁다."[7] 인간이란 얼마나 이상한 존재인가! 현세에서, 그렇잖아도 상심과 고통, 실망과 고뇌, 눈물과 한숨, 신음이 가득한 이 작은 시간의 모래섬[8]에서 교인들을 심란하게 하고 괴롭히는 것으로는 모자라는지 이 편협한 미치광이는 그들을 신학의 높은 정점으로 데리고 올라가 형벌의 불구덩이로 집어던진다. 어빙 목사의 사변적인 악의는 무한히 분풀이를 할 수 있는 내세를 바라게 하고 하나님에게 혹독한 심판을 내려줄 것을 요청한다! 식인종들은 사이좋게 적들을 불에 태워 먹는다. 온유한 기독교 성직자들은 자신들과 털끝만큼이라도 다른 의견을 가진 사람이 있으면 하나님의 영광과 그가 창조한 만물의 이익을 위한다며 그들의 육신과 영혼을 전부 지옥불에 집어던진다. 그런 성직자들에게 의지만 있고 권능은 없어서 다행이다. 사실 이러한 행태는 자신들이 나약하며 다른 사람들의 의견을 통제하지 못한다는 의식에서 나온다. 그래서 "이교도의 난폭한 신보다 한술 더 떠서"[9] 거창한 말과 소름끼치는 성토로 신도들에게 겁을 주어 순응하게 만들려고 애쓰는 것이다.

---

7 셰익스피어 『끝이 좋으면 만사가 다 좋다』 I. i. 76.
8 셰익스피어 『맥베스』 I. vii. 6. 시간을 심판과 시련으로 본다.
9 셰익스피어 『햄릿』 III. ii. 13.

혐오의 즐거움은 종교의 심장을 먹어들어가 원한과 광신으로 가득 채운다. 그것은 애국심을 구실로 다른 나라를 불바다로 만들고 역병을 퍼뜨리고 기아를 낳는다. 혐오의 즐거움이 덕목으로 남기는 것은 흠잡기 좋아하는 성향, 남들의 행동과 동기를 시기하고 꼬치꼬치 파고들 듯 감시하는 편협한 태도뿐이다. 서로 다른 교파와 교의, 신조는 사람들이 서로 공격할 과녁인 것처럼 논쟁하고 싸우고 물어뜯을 구실만 주었을 뿐이지 않은가? 영국인이 애국심을 내세울 때 그 마음속에 서로 도움이 되고자 하는 우호적 감정과 성향이 있을까? 천만에. 그 애국심은 단지 프랑스든 어디든 현재 영국과 전쟁을 벌이는 나라의 주민들에 대한 혐오를 뜻할 뿐이다. 미덕에 대한 사랑이 우리 자신의 허물을 찾거나 고치겠다는 마음을 의미하는가? 아니다. 미덕에 대한 사랑은 타인의 인간적 결점들을 독살스럽게 관용하지 않음을 뜻하며 이것으로 자신이 고집스럽게 고수하는 악습을 벌충한다. 이 원리는 매우 보편적으로 적용된다. 악은 물론 선에도 적용된다. 우리는 사람의 나쁜 점을 혐오하는 동시에 뛰어나게 좋은 점에도 그에 못지않은 불만을 품는다. 타인의 잘못에 불쾌한 기분이 든다면 타인의 번영도 못 견딘다. 우리는 해를 입으면 복수하고 은혜를 입으면 배은

망덕으로 갚는다. 아무리 강한 편견과 편애라도 이윽고 그렇게 일변한다. "쥐엄나무 열매처럼 감미로운 것도 머잖아 콜로신스처럼 쓴맛으로 변한다."[10] 그리고 사랑도 우정도 그 자체의 불에 녹아 버린다. 우리는 오랜 친구를 싫어하고, 오래된 책을 싫어하고, 오래된 의견을 싫어한다. 그리고 결국 우리 자신을 싫어하기에 이른다.

과거에 무척 친했던 사람들과의 관계가 전과 다름없이 유지되는 경우나, 관계가 지속되더라도 따뜻한 우정이 함께하는 경우는 내가 지금까지 보기에 거의 없다. 나는 서로 떨어질 수 없을 정도로 친한 두세 그룹의 친구들이 있었다. 우리는 주에 엿새를 매일 만났지만 결국 갈라지고 흩어졌다. 나는 거의 모든 오랜 친구들과 다투었고 (그들은 내 성질이 못돼서 그랬다고 하겠지만) 그들은 또 자기들끼리 다투었다. 엘리아가 그 유명한 〈사우디[11]에게 보내는 편지〉에서 찬양했으며 (그러고 보니 나도 「작가들의 대화」에서 찬양했지만) 오랜 세월 버니 제독을 친구라고 부르던 '휘스트 놀이 동지들'[12]은 어떻게 되었는가? 그들은 지난해 내린 눈

---

10 셰익스피어 『오셀로』 I. iii. 352.
11 Robert Southey(1774-1843). 영국의 계관시인, 역사가이자 정치 저술가. 젊었을 때는 프랑스혁명을 지지하고 급진적 저술 활동을 했으나 나중에는 저명한 보수적 작가가 되어 해즐릿과 바이런의 비난을 받았다.
12 whist. 보통 네 명이서 두 명씩 편을 먹고 하는 카드 놀이.

처럼 흩어졌다. 그들 가운데 몇몇은 죽었고, 몇몇은 멀리 이사를 갔거나 혹은 길에서 마주쳐도 모르는 척하고 그냥 지나간다. 또는 멈춰 서서 이야기를 나누어도 지극히 쌀쌀맞고 최대한 빨리 따돌린다. 우리들 중에는 부자가 된 친구들도 있고 가난한 친구들도 있다. 어떤 친구들은 관직에 올랐고 어떤 친구들은 《쿼털리 리뷰》에서 꼭 맞는 일자리를 찾았다. 어떤 친구들은 막대한 희생을 치르고 명성을 얻은 한편, 어떤 친구들은 원래의 사생활에 머물렀다. 우리는 후자를 업신여기고 전자를 부러워하는 동시에 그에게 굴욕감을 주기 좋아한다.

 세상은 변한다. 예전의 감정을 되살릴 수 없다. 옛 친구들을 피하며, 그들과 있으면 불편하다. 그들은 우리의 결함을 떠올리게 하고, 일부러 다정한 체하는 수고를 하게 한다. 그래 봤자 우리 자신만 쑥스러워지고 이전의 동료들을 속이지도 못한다. 옛 우정은 차게 식은 채 되풀이해서 식탁에 올려지는 맛없고 불쾌한 음식 같다. 그런 음식은 위가 잘 받아들이지 못한다. 너무 자주 만나 스스럼없으면 싫증이 나서 서로를 하찮게 보는 것인지, 아니면 한동안 뜸하다 만나면 서로 달라 보여서 그런 건지 모르겠다. 누구는 너무 영리하고 또 누구는 너무 어리석다. 그러면 왜 그 사실을 전에는 깨닫지 못했을까 하는 생각이 든다.

우리는 누군가의 기지에 당황하고 경계하는 처지에 놓이는가 하면, 누군가의 아둔함은 죽도록 지겹다. 전자의 재치 있는 말은 (기분을 상하게 하기도 하지만) 반복되면 진부해지고 우리를 깜짝 놀라게 하는 효과를 상실한다. 한편 후자의 무미건조함은 견디기 힘들어진다. 재미있거나 지식을 주는 친구는 기껏해야 얼마 뒤에는 그냥 책장에 꽂아 두고 싶은 애독서와도 같다. 하지만 우리의 친구들은 책장에 꽂히기를 꺼려하고, 그러다 보면 친구들과의 사이에 오해와 불화가 싹튼다. 또는 만일 본래의 열렬한 우정이 식지 않거나 우정의 진보가 우정의 본질에서 발생하는 장애에 가로막히지 않을 경우, 우리는 다른 불평거리나 불만이 나올 곳은 없는지 두리번댄다. 우리는 서로의 옷이나 생김새, 전반적인 품성을 헐뜯는다. "아무개는 호감은 가는데 그렇게 늦게까지 죽치고 있는 건 정말 별로야." 어떤 친구는 시간 약속을 잘 안 지키는데 그건 결코 화해할 수 없는 언짢은 일이다. 인기 있는 젊은 남자들이나 여성 명사와 알게 되어 그들을 친구에게 소개하고 싶어도 그 친구가 상대하기 힘들고 단정치 못해 만남이 성사되지 않을 경우, 이것은 친구 사이에 찬물을 끼얹는 일이 된다. 혹은 그 친구가 세간의 평판을 면치 못할 처지에 놓인다. 그러면 우리는 친구를 옹호하지 않으려는 핑계로 우리의 소신에서 뒤로 물러난다. 지금까지 말한 모든 또는 그 가운데 어떤 이유는 점점 커져 머잖아 냉정이나 노여움에 이른다. 그러다가 냉정이나 노여움을 오래 억눌러 온 것에 대해 우리가 호소할 수 있는 유일한 보상으로서, 현재의 감정과 어긋난 과거의 친절에 대한 기억을 털어 버리기에 손쉬운 수단으로서 마침내 공공연히 폭력성을 띠기 시작한다. 우리는 그로 인한 마음의 상처를 주물러 변조하거나, 사멸한 우정의 잔해를 주워 맞추려 할지 모른다. 하지만 전자는 그 과정을 견뎌내지 못할 테고, 후자는 잔해에 향유를 발라 방부 처리하는 수고를 들일 가치가 없다!

옛 친구들과 화해하는 유일한 길은 그들과 영원히 헤어지는 것이다. 얼마간 떨어져 있다 보면 비몽사몽간에 우연히 옛 감정이 되살아날지도 모른다. 여하튼 우리는 충분히 악감정을 뱉어내거나 서로에 대해 우리가 할 수 있는 모든 나쁜 점을 말하고, 생각하고, 느낄 때까지는 관계의 회복을 생각하지도 말아야 할 것이다. 혹은 다른 누군가에게 싸움을 걸어 그를 희생양으로 삼을 수 있다면 이는 부러진 뼈를 고칠 수 있는 훌륭한 책략이다. 엘리아가 그 도량 넓은 〈사우디에게 보내는 편지〉에서 사우디에게 솔직한 의견을 말했으니(!) 아무래도 나는 찰스 램과 다시 친하게 지내야 할 것 같다. 나는 내가 왜 H—[13]를 그렇게 애착하는지 모르겠다. 우리는 만나기만 하면 예전의 다른 친구들을 "최상의 요리로 만들 듯이 저며낸다."[14] L— H—,[15] 존 스콧,[16] 우리의 대화에 즐거운 배경이 되어 주는 검고 윤기 나는 머리를 가진 —부인,[17] 뚱뚱해지고 결혼했다고들 하는 B—,[18] R—[19] 등, 이들은 오래전에 모두 갈라졌고 이들의 결점은 H—와 나를 이어 주는 연결 고리이다. 우리는 이 친구들의 어리석음을 동정하거나 불평하는 체하지 않는다. 오히려 그런 이야기를 즐긴다. 배를 쥐고 웃을 때까지 "막간의 휴식도 없이 몇 시간이고 계속"[20] 그들을 조롱한다. 일화들과 특성, 걸작인 인격들을 음식처럼 차례대로 식탁 위에 올려놓고 물릴 때까지 마구 칼질을 한다.

그렇게 칼질을 당하는 어떤 요소들은 우리에게도 있을

---

13 William Hone(1780-1842), 정치 평론가, 출판인.
14 셰익스피어 『율리우스 카이사르』 II. i. 180.
15 Leigh Hunt(1784-1859), 영국의 평론가, 수필가, 시인.
16 John Scott(1783-1821), 《런던 매거진》 편집인인 그는 《블랙우드 에딘버러 매거진》 편집인이자 런던의 에이전트였던 조나단 크리스티와의 결투 중에 부상을 입고 사망했다.
17 Mary Sabilla Novello(1789-1854), 영국의 작가.
18 Thomas Barnes(1785-1841), 신문사 편집인, 수필가.
19 John Rickman(1771-1840), 통계 전문가, 공무원.
20 셰익스피어 『뜻대로 하세요』 II. vii. 32-33.

것이다. 언젠가 말했듯이 나는 내가 논할 수 있는 결점을 가진 친구를 더 좋아한다. 이에 대해 —부인은 "그렇다면 당신은 박애주의자가 아닐 때가 없겠군요!"라고 말한다. 여기에 거론되는 인물들은 무명인이나 유망하지 않은 사람이 아니라 당대의 뛰어난 사람들이었다. 우리는 지금까지 그들을 공정하게 평가했지만 그들은 우리가 무슨 말을 했는지 모르는 게 좋다. 나는 누가 나에 대해 뭐라고 하든 별로 개의치 않는다, 특히 내가 없는 데서, 비평적이고 분석적으로 논의를 하는 식이라면 말이다. 내가 펜을 들어 최악의 독설로 맞서는 대상은 혐오와 경멸의 표정이다. 얼굴 표정은 언어 표현보다 나에게 더 큰 상처를 준다. 내가 누군가의 표정을 잘못 보았거나 그러지 말았어야 할 경우에 독설로 대응했다면 미안하게 생각한다. 하지만 나의 오해라고 하기에는 표정을 입는 얼굴이란 얼마나 섬세하며, 나는 나이를 먹을 만큼 먹지 않았는가!

나는 가끔 M[21]의 집에 간다. 그리고 갈 때마다 다시는 가지 않겠다고 다짐한다. 예전처럼 따뜻한 환영을 찾을 수 없어서다. 우정의 유령이 나를 집 안으로 맞아들이고 나와 함께 식사한다. M의 가족은 새로운 지인들이 생겼고 훌륭한

21　Basil Montagu(1770-1851), 바질 몬터규는 영국의 법률가이자 작가.

견해도 세트로 갖췄다. 예전 일을 언급해 봤자 그들에게는 사소하게 여겨지고 일반적인 화제를 꺼내는 것도 반드시 안전하지는 않다. M은 예전에 오 분마다 "포셋은 이런 말을 했지"라며 말을 시작했는데 이제는 아니다. 그런 화제는 이제 케케묵은 것이 되었다. 그의 딸들도 이제 다 컸고 많은 소양을 갖췄다. 우리 사이에는 서로에 대한 시기심이 조금 있는 것 같다. M의 가족은 내가 잘난 체한다고 생각하고 나는 그들에 대해 똑같이 생각한다. 그 집에 갈 때마다 나는 "워싱턴 어빙[22]이 매우 뛰어난 작가라고 생각하지 않으세요?"라는 질문을 받는다. 리스턴 씨[23]와 함께 크리스마스 때 초대받기 전까지는 그 집에 다시는 안 갈 것이다.

주춤하거나 퇴색하지 않은 유일한 감정은 단순한 지적인 친밀감뿐이었다. 거기에 꾸민 친절은 전혀 없었다. 감상적인 기분으로 투덜대는 말도 전혀 없었다. 우리의 벗들은 대화와 지식의 대상으로 여겨졌을 뿐, 애정의 대상은 전혀 아니었다. '진공 펌프 속의 쥐'와 마찬가지로 우리는 그들을 실험의 대상으로 보았다. 그들은 죄인들처럼 흔히 죽임을 당해 해부칼 아래 던져졌다. 우리는 친구고 적이고 인정을 베풀지 않았다. 우리는 진실의 제단에 인간의 결점을 제물

---

22 Washington Irving(1783-1859), 미국의 단편소설 작가.
23 John Liston(c.1776-1846), 영국의 배우.

로 바쳤다. 그들에게서 활력을 뽑아내고 나면 인격의 해골이 거미줄에 걸린 파리처럼 허공에 매달려 대롱거리는 게 보일지 모른다. 아니면 그 해골은 훗날 검사를 위해 정제된 산(酸) 속에 보관되는지도 모른다. 그들의 '시연'은 새로우면서 멋졌다. 증오에 물리는 일은 있을 수 없고, 농축된 악의처럼 잘 보존되는 것도 없다. 우리는 모든 일에 싫증을 내지만 타인을 조롱하는 일에는 그렇지 않다. 그리고 그들의 결점이 우리 자신에게는 없어서 다행이라고 생각한다.

 이와 같은 이유로 우리는 좋아하는 책도 시간이 좀 지나면 싫어하게 된다. 같은 책을 언제까지고 재독할 수는 없다. 뮤즈와 결혼하더라도 밀월은 끝날 수밖에 없고, 그러고 나면 증오까지는 아니더라도 무관심이 뒤따른다. 어떤 책은 줄거리가 기발해서 처음에는 인상적일지라도 도저히 재독할 수가 없다. 그런가 하면 아주 화려하지는 않지만 세부적 내용이 매우 섬세하여 관심을 끌긴 하는데 계속 열의를 가질 만큼 흥미롭지 않은 책도 있다. 최고로 성공한 작가들의 인기는 그들에 대한 형식적인 수사 어구들과 사소한 정보를 과잉 생산하고, 우리 귀에 끝없이 들려오는 그들의 이름과 무지하고 분별없이 따라다니는 팬들 때문에 결국에는 그 작가들의 책을 멀리한다. 그렇지 않은 작가들의 경우,

우리는 허세에 취향까지 특이하다고 공격을 받을까봐 그 작가들을 부당한 무명 상태에서 끌어내는 일 또한 싫어한다. 세상 사람들이 판단을 내려놓은 작가에 대해서는 덧붙일 말이 없다. 한편, 아무도 들어보지 못한 작가를 추천하는 건 생색도 나지 않고 잘될 가망이 없는 일이다. 셰익스피어를 우리가 맹목적으로 숭배하는 하나님처럼 칭송하는 것은 천박한 민족적 편견으로 보인다. 그리고 초서나 스펜서, 보몬트와 플레처, 또는 포드나 말로의 책을 꺼내 읽으면 현학적이고 허영심이 있는 사람으로 보인다. 이런 책들이 "시간의 폐허 속으로 사라진다"는 생각을 하면 명성과 천재라는 명칭 자체를 혐오하게 된다고 고백하는 바이다.

한편, 잇따르는 바보들의 세대는 저마다 열심히 당대의 졸작을 읽는다. 그리고 상류층 부인들은 『실낙원』과 모어의 『천사들의 사랑』[24] 중 어떤 것을 더 좋아하는지 이야기하는 몸종들 사이에 진지하게 끼어든다. 일전에 어느 서점에 들러 '스코틀랜드 소설'이 있냐고 물었더니 마지막 남은 『앤드류 와일리 경』[25]이 방금 팔렸다는 대답이 돌아왔다. 골트 씨도 그 말을 들었다면 기뻐했을 것이다! 어떤 책들의 평판은 날것 그대로 환기가 되지 않는 곳에 처한다. 또 어떤 책

---

24 토머스 모어가 1823년에 발표한 시집. 그해 5쇄나 찍었다.
25 존 골트가 1822년에 발표한 소설. 해즐릿은 그의 소설을 월터 스콧의 아류로 여겼다.

들의 평판은 좀이 슬고 곰팡내가 난다. 우리는 왜 도저히 신뢰할 수 없거나 사람들이 이미 오래전부터 읽을 체도 하지 않는 책에 애착하는가? 나는 지금의 내 기대와 맞지 않을 것 같아서 『톰 존스』[26]를 들여다보는 게 조금 두렵다. 분명 그 책을 난로 속에 집어던지고 죽을 때까지 소설은 읽지 않을 것 같기 때문이다. 물론 자연처럼 시간이 흘러도 구닥다리가 될 리 없는 책도 있다. 그런 책은 필시 언제나 상상력과 열정을 모두 자극하는 책일 것이다! 그리고 책 전체는 아니더라도 우리가 평생 곱씹고 애정과 감탄을 고갈시키지 않는 구절들이 있다. 우리는 그런 구절들을 읽고 또 읽으며 거의 맹목적으로 좋아한다. 한 예를 들겠다.

> 창가에 앉아서 수를 놓는데
> 신이 들어오는구나 하고
> 나는 생각했어요(하지만 그건 당신이었죠).
> 숨을 내쉬었다가 도로 빨아들이듯 빠르게
> 내 몸의 피가 쭉 빠져나갔다가 도로 들어오는 것 같았어요.
> 그러고 나서 나는 당신을 환대하라고 불려갔어요.
> 비록 생각뿐이지만, 양우리에서 왕좌로 들어올려지듯이

---

26 헨리 필딩이 1749년에 발표한 코믹 소설.

나처럼 그렇게 높이 들어올려진 사람은 없었어요.
그때 당신은 내 입술에 키스를 남겼죠.
나는 그것을 영원히 간직할 거예요.
당신이 말하는 목소리는
노래보다 더 아름다웠어요!

이런 구절은 정말로 미각에 꿀과 같은 맛을 남긴다. 이것을 읽을 때는 신들과 함께 황금 식탁에 앉아 있는 것 같은데, 일상에서 자주 반복되면 맛을 잃고 시시해진다. "시의 포도주를 마시고 나면 찌꺼기만이 남는다."[27] 한편, 우리는 그런 구절을 돋보이게 하기 위해 특별한 상황의 도움을 빌릴 수 있을 것이다. 친구에게 그 구절을 암송해 보인다거나, 아니면 어떤 낭만적인 상황에서 긴 산책을 하며 감흥에 젖은 뒤에, 아니면

그늘에서 아마릴리스나
네아이라의 머리카락을 가지고 놀면서

나중에 우리는 그 상황들을 아쉬워한다. 그리고 거기에 서

---
27 『맥베스』 II. iii. 94-95.

린 추억을 좋은 방향으로 해석하는 대신, 우리가 잃은 것을 아쉬워하고 '그 돌이킬 수 없는 시간'을 되돌리려는 헛된 노력을 한다. 어떤 경우에는 그 시간을 어떻게 견뎌 낼까 생각하면서, 그리고 뒤에 남겨진 우울한 공백에 놀라워하면서! 조용한 고독 속에서 또는 도취된 동정심에 휩싸인 가운데 회상의 기쁨은 절정에 이르렀다가 곧 내리막이다. 대조적인 전후와 내리막을 의식하면 그 기쁨은 물리고 넌더리 나는 느낌만을 남긴다.

"그림도 마찬가지인가?" 고백하거니와 티치아노의 손에서 나온 것 말고는 전부 그렇다. 왜 그런지는 몰라도 그의 풍경화에서는 마치 왕년에 불던 것처럼 맑고 상쾌한 바람이 불어 나온다. 얼마 전에 그런 그림을 보았다. 폰트힐[28]의 차갑고 황량한 실내의 화려한 장식들 한가운데에는 드레스덴 미술관 화첩이 있는데, 이것을 열면 젊은 여성을 그린 그림과 마주한다. 여자애이지만 성인 여자이다. 순박한 느낌, 공주 같은 우아함, 비둘기 같은 눈, 금방이라도 벌어질 듯한 입술, 얼굴 전체에 잔물결처럼 번지는 만족스러운 미소, 바짝 붙인 꼬불꼬불한 머리카락에 반짝이는 보석, 사월에 필 꽃봉오리를 활짝 펴진 잎이 품은 듯이 화려하고 고풍

---

28 윌트서에 있는 윌리엄 벡퍼드(1760-1844)의 집. 그는 막대한 유산을 물려받은 소설가이자 미술 비평가, 정치가였다.

스러운 옷에 압착된 몸매! 내가 왜 이처럼 부드럽고 기분 좋은 그림을 떠올려서 불운과 나 사이를 영원히 가로막는 차단막으로 쓰지 않을까? 그 이유는 고통보다 즐거움을 유지하는 데 더 큰 정신적 노력이 들기 때문이다. 우리는 헛되이 조금 시간을 낭비한 뒤 사랑하는 것에서 미워하는 것으로 주의를 돌린다!

  나는 예전에 내가 가졌던 의견들에 정말 신물이 난다. 이유가 있다. 유감스럽게도 그런 의견들에 속아 살았기 때문이다. 재능은 포주가 아니다, 미덕은 가면이 아니다, 자유는 명분이 아니다, 사랑은 인간의 마음에 자리하고 있다 같은 말들. 나는 그렇게 생각하도록 배웠고 그런 말들을 기꺼이 믿었다. 이제 그 말들을 사전에서 뺀다 해도 나는 아무렇지 않을 것이다. 내 귀에 그 말들은 비웃음과 일장춘몽이 되었다. 나에게는 애국자와 자유의 친구는커녕 압제자와 노예, 국왕의 독재와 미신의 사슬에 묶인 국민만 보인다. 어리석음이 속임수와 결탁하여 공공심과 여론을 날조하는 것을 본다. 거들먹거리는 토리당과 맹목적 개혁론자, 겁쟁이 휘그당을 본다! 인류가 올바름을 희망했다면 오래전에 이루었을지 모른다. 이치는 간단하나 인류는 악행을 저지르는 성향이 있다. "모든 선한 일을 버리는 자"[29]들인 것이다. 나는 인간의 정신과 지력이 품은 위대한 열망이 세상에 이루어 놓은 모든 것을(세상은 그럴 가치가 없었지만), 미래를 향한 전망으로 진리와 선의 빛나는 통로를 열어 줄 것 같았던 모든 것을 보아 왔다. 자신이 왕이라는 어렴풋한 지각만 있었을 뿐, 어떻게 자유민의 왕이 될 수 있을지 깨닫지 못한 한 사람이 그 모든 것을 무효로 돌리는 것도 보았다![30] 나는 그자의 업적이 내 청년기의 친구이자 인류의 친구였던 시인들에게 칭송받는 것을 보았다. 하지만 왕좌에서 시작해서 앞에 놓인 모든 올바른 이성을 쓸어버리는 광란의 물결이 그들을 휩쓸었다. 나는 인류에 대한 그 모욕과 무도함에 보내는 박수갈채에 동참하지 않은 자들이 배척되고 박해받는 것을 (그리고 이들과 친구들이 그 모욕과 무도함을 웃음거리로 만드는 것도) 모두 보았다.

결국 재능과 지식을 매춘하여 자기와 같은 부류를 배신하고 같은 인간을 괴롭힐 준비가 안 된 사람은 누구도 자신

---

29 『성경』「디도서」 1:16.
30 해즐릿은 루이 16세가 폐위되고 미국과 프랑스에서 민주주의의 발흥을 새 시대의 시작으로 여겼다. 나폴레옹은 독재적 권력을 추구했어도 많은 진보주의자들은 그의 정복으로 자유와 평등과 동포애의 가치가 전파된다고 보았다. 나폴레옹이 패전하고 반동 세력이 군주정을 복원시켰을 때, 워즈워드와 같은 인물들이 나이가 들며 보수적으로 변하자 해즐릿은 젊었을 때 품었던 이상에 대한 믿음을 저버리지 않은 사람은 자기밖에 없다고 느꼈다.

의 재능이나 지식으로 먹고살 수 없음이 판명되었다. "이는 한때 미스터리였지만 시간이 그것을 사실로 입증해 준다."[31] 자유의 메아리가 다시 스페인에서 울렸고 인류에게 희망의 아침이 다시 밝았다.[32] 하지만 편협한 신앙에서 나온 더러운 입김은 그 아침에 먹구름을 드리웠고, 시간이 조각낸 줄 알았던 종교 재판 옹호자들의 함성이 되살아나던 자유의 메아리를 덮어 버렸다. 사람들은 폭력에 굴복했지만 그보다는 천성적으로 정신이 삐딱하고 비겁했기 때문이다. 이것은 더이상의 희망이나 실망의 여지를 남기지 않는다. 그리고 개혁의 선봉장이라던 정부, 과감한 구조자라는 정부, 자유와 도구로서의 권력을 떠벌이던 영국은 자신에게 마름병과 흰가루병이 침범하고 있는 것도 모르고, 세습 왕권(!)이라는 이 새로운 괴물이 지배하는 똬리에 감겨 뼈대가 부러지고 흐물흐물해지는 것도 모른 채 멍청히 입을 헤벌리고 서 있기만 하다.

우리는 개인 생활에서 득세하는 위선과 노예 근성, 이기심, 후안무치와 충돌할 때 겸양은 위축되고 가치가 짓밟히

---

31 셰익스피어 『햄릿』 III. I. 116-117.
32 1820년 3월, 스페인 혁명가들은 독재자 페르난도 7세를 포로로 잡고 종교 재판을 금했다. 스페인은 본질적으로 자유 민주주의의 이념으로 통치되었지만 1823년 4월 프랑스가 페르난도 7세를 다시 왕위에 앉혔다.

는 것을 보지 않는가? 장미꽃 같은 정숙한 여자가 얼마나 자주 매춘부로 만들어지는가! 진정한 열정이 성공할 가망이 있을까? 그 성공은 확실하게 지속될까? 나처럼 이 모든 것을 보고, 인생의 직물을 풀어 비열함과 악의, 비겁함, 감정의 결핍, 이해의 결핍, 타인에 대한 무관심, 자신에 대한 무지라는 다양한 실로 구분하고, 관습이 모든 우수성을 압도하고 악행에 길을 내주는 것을 보고서, 타인을 내 관점에서 평가하되 잘못해서 사적으로나 공적으로 품은 희망이 와오되었어도, 우정에 속는 얼간이이자 사랑에 우롱당하는 바보인 내가 가장 의지하던 것에 낙담했다면, 이것이야말로 나 자신을 혐오하고 경멸할 이유가 되지 않을까?

나는 그렇다고 생각한다. 무엇보다 세상을 충분히 혐오하고 경멸하지 않았기 때문에.

무대를 물로 채운 새들러스 웰스 극장

인간은 모두

죽는다고

생각하지만

언제나 자신은

예외다.

-에드워드 영

템플 교회의 측랑 돌바닥에 무장한 채 잠들어 있는 템플 기사들

R. W. 빌링스가 그린 1838년의 템플 교회

죽음의 공포에 관하여

우리의 짧은 인생은 영면으로 완결된다.[1]

　죽음의 공포에서 벗어나는 가장 좋은 방법은 삶에도 시작과 끝이 있음을 생각해 보는 것이리라. 자신의 존재가 없었던 때가 있었건만 아무도 그 사실에 신경을 쓰지 않는다. 그렇다면 자신이 더이상 존재하지 않는 때가 온다는 사실에 대체 왜 심란해지는 걸까? 나는 백 년 전에, 또는 앤 여왕의 치하에서 살았더라면 좋았겠다는 생각을 하지 않는다. 그렇다면 지금부터 백 년 뒤에 누가 이 나라를 지배할지도 모르는데, 내가 살아 있지도 않을 그때를 대체 왜 아쉬워하고 슬퍼해야 할까?
　나는 비커스태프[2]가 쓴 에세이들이 무엇에 대한 것인지

1　셰익스피어 『템페스트』 IV. i. 157.
2　비커스태프(Isaac Bickerstaff)는 아일랜드 작가 리처드 스틸 경(1671-1729)의 필명이다.

당시에는 전혀 몰랐다. 그러기는커녕 한참 나중에야 알게 되었다. 그 나중이란, 조지 3세가 통치하기 시작했을 때였고,[3] 골드스미스와 존슨과 버크가 글로브 주점에서 어울리던 때였고, 개릭이 전성기를 누리던 때였고, 레이놀즈가 초상화 작업에 빠져 있었던 때였고, 스턴이 『트리스트럼 샌디』를 시리즈로 매년 한 권씩 써내고 있었을 때였다.[4] 그 모든 일들이 나와는 전혀 상관없이 일어나고 있었다. 나도 무슨 일이 일어나고 있는지 전혀 알 수 없을 때였다. 미국 독립 전쟁에 대한 영국 하원의 토론이나 벙커힐 전투[5]에 마음이 심란해지는 일도 없었다. 그러면 안 된다는 생각은 더더욱 없었다. 그때 내가 먹고 마시고 떠들고 있지 않았다고 불만은 없다. 지금 살아 숨쉬는 세상을 그때 내다보지 않았어도 괜찮다. 세상은 나 없이도 아주 잘 돌아갔고 나도 세상에 없어 아주 좋았다! 그렇다면 살아 있는 지금보다 더 나빠질 게 없는데, 이런 세상과의 결별에 대해 내가 왜 이렇게 요란을 떨까? 우리가 어떤 특정 시기에 세상에 없었다

1709-1711년에 걸쳐 《태틀러》에 에세이를 기고했다. 참고로 윌리엄 해즐릿은 1778년에 태어났다.
3 영국 조지 3세 왕의 재위 기간은 1760-1820년이다.
4 Oliver Goldsmith(1728-1774), 아일랜드의 작가. Samuel Johnson(1709-1784), 영국의 작가. Sir Joshua Reynolds(1723-1792), 영국의 화가. '존슨 박사의 초상화를 그렸다. David Garrick(1717-1779), 영국의 배우, 극작가. Laurence Sterne(1713-1768), 영국의 소설가.
5 미국 독립 전쟁 초기인 1775년에 벌어진 독립군과 영국군의 전투.

는 점을 떠올려서 속이 메스꺼워질 필요는 없다. 그런데도 언젠가는 이 세상을 떠나야 한다는 생각에 왜 반발하는 걸까?

죽는다는 것은 태어나기 전의 상태로 돌아가는 것일 뿐이다. 아무도 이 생각에는 연민이나 유감이나 반감을 느끼지 않고 오히려 홀가분해진다. 태어나기 전은 우리에게 휴가 기간이었던 것 같은 느낌을 준다. 우리는 예복이나 누더기옷 차림으로 웃기도 하고 울기도 하고, 야유를 받기도 하고 갈채를 받기도 하는 이 인생의 무대로 호출되지 않은 상태였다. 그때는 보이지 않는 곳에서 아무런 해가 없이 안전했다. 우리는 깨어나지 않기를 바라며 수만 년 동안 잠을 잤다. 너무나 부드럽고 고운 흙에 감싸여, 갓난아이보다 더 깊고 고요한 잠에 빠진 채, 아직 생명체로 발달하기 전의 상태에서 근심걱정 없이 평온하고 자유로웠다. 그런데 이제 찰나의 삶을 안달복달하며 열띠게 산 뒤, 헛된 희망과 하찮은 두려움으로 점철된 삶을 산 뒤, 다시 마지막 편안한 잠에 빠지고 삶이라는 불온했던 꿈을 잊는 것을 가장 두려워하다니!

템플 교회의 측랑 돌바닥에 무장한 채 잠들어 있는 템플 기사들이여, 저 위 하늘은 조용하고 그보다 더 심오한 (오르간 소리가 울려도 깨지지 않는) 침묵이 깔려 있는 그 아래 돌바닥에 잠들어 있는 것이 만족스럽지 않으시오? 그렇다면 기나긴 세월 그 안식처에 있기보다는 종교 전쟁에 나가기를 원하시오? 아니면 더이상 고통이 없음을, 더 큰 질병은 없음을, 자연에게 진 마지막 빚을 갚았음을, 적이 밀집 대형을 이루고 있다는 전갈이 더이상 들려오지 않음을, 또는 아내의 사랑이 시들해지고 있음을 불평하시오? 지구가 공전하는 한 대리석 무덤과 함께 그 안에 붙박인 채, 그 무덤처럼 숨도 쉬지 않고 영원한 잠에 든 당신들을 깨울 소리가 영영 울리지 않을 거라고 불평하시오? 오, 내 마음의 시선을 끌고 그 마음에 애정이 남아 있는 한 앞으로도 그럴 당신께서는![6] 허사가 되어 버린 사랑을 하고 처음 내쉰 한숨이 마지막 한숨이 되어 버린 당신께서도 그 슬픈 마음이 더이상 슬프지 않고, 오직 그 슬픔을 느끼기 위해 이 세상에 불려 들어온 당신께서는 그 슬픔이 없어졌을 때 비로소 편히 잠들지 않을까요(아니면 당신이 놓인 그 차가운 흙침대에서 나를 향해 불평하는 소리를 지르실까요)?

우리의 생전 존재에는 사후의 삶에 대한 기대처럼 갈망을 자아낼 것이 확실히 아무것도 없다. 태어난 날에 태어난

---

6 여기서 "당신(thou)"은 예수님을 가리키는 것으로 보인다.

것에 우리는 만족한다. 지금까지 충분히 고투하는 삶을 살았다고 느끼기에 더 일찍 태어났더라면 하는 마음은 없다.

> 우리는 니누스 왕의 전쟁과
> 아사라코스와 이나코스 신의 전쟁을 기억한다.[7]

라고 말할 수 없지만 그러고 싶은 마음도 없다. 그들에 관한 이야기를 읽고 그들과 우리 사이를 가르는 방대한 시간의 바다를 응시하는 것으로 족하다. 그때만 해도 세상의 초창기였다. 뭍과 물이 완전히 분리되지 않았을 때였으니 그때 태어났더라면 좋았을 걸 하는 마음은 없다. 우리는 태어나기 전의 수천 년이라는 시간에 상실감을 느끼지 않는다. 그냥 관심 밖이다. 우리는 그런 시기에 살지 못해서 인생사의 웅장하고 화려한 가장행렬을 목격하지 못했다며 땅을 치며 슬퍼하지 않는다. 그 행렬을 끝까지 다 보기 전에 관객석을 떠나지 않을 수 없다는 사실이 분하기는 하지만.

이런 차이점에 대한 설명에서 우리는 다양한 기록과 구전을 통해 앤 여왕 치하에서 (심지어 아시리아의 군주들 치

---

7 에드먼드 스펜서의 『선녀여왕(The Faerie Queene)』 II. ix. 56. 니누스 왕은 니네베의 시조이다. 아사라코스는 그리스 신화에서 트로스의 아들이고, 이나코스는 강의 신으로 아르고스 최초의 왕이다.

하에서) 무슨 일이 일어났는지 알지만, 앞으로 일어날 일에 대해서는 기다릴 수밖에 없으며, 이에 대해 모르면 모를수록 우리의 열망과 호기심이 더 커진다는 사실이 암시되어 있을지도 모르겠다. 그러나 전혀 그렇지 않다. 그런 식이라면 우리는 끊임없이 그린란드나 달과 같은 불모지로 발견의 여행을 떠나고 싶을 것이다. 일반적으로 우리는 그럴 마음이 별로 없다. 사실 딱히 미래의 비밀을 미리 알고 싶지도 않다. 자신의 존재를 연장시키고자 하는 게 아니라면 말이다. 백 년 또는 천 년 전에 살았더라면 하는 마음이 없는 것처럼 앞으로 백 년 또는 천 년 후에 살고 싶은 마음도 없다. 하지만 중요한 것은, 우리 모두는 지금 이 순간이 영원하기를 바란다는 것이다. 지금 있는 그대로, 세상도 우리 마음에 드는 그대로 남아 있었으면 한다.

    현재의 눈은 현재의 사물을 포착한다— [8]

왜냐하면 할 수 있는 동안은 현재를 소유하고 간직하고 싶기 때문이다. 우리는 어떤 방식으로든 현재를 빼앗기고 현재가 있던 방이 텅 비는 것을 거부한다. 우리는 이별의 아

---

8 셰익스피어 『트로일러스와 크레시다』 III. iii. 180.

품, 움켜쥔 것을 놓는 아픔, 단단한 인연을 끊어 버리는 아픔, 마음에 품은 뜻을 이루지 못하는 아픔 때문에 죽음에 격렬히 반발하고 "오래 사는 불행을 겪는다."[9]

> 오, 마음이 강건한 그대여!
> 세상과 그대 사이에는
> 깨기를 꺼리는 약속이 있다![10]

그렇다면 삶을 사랑한다는 것은 추상적인 원리가 아니라 습관적인 애착이다. 그저 존재한다는 사실로는 "인간의 타고난 욕구를 만족"[11]시키지 못한다. 우리는 특정 시기와 장소와 환경에 있기를 갈망하는 것이다. 미래의 어떤 시기를 선택하느니, 천년왕국의 한 조각을 50년이나 60년쯤 더 누리느니, 지금 "이 시간의 기슭과 여울"[12]에 살아 있는 편이 낫다고 여길 것이다. 이것은 우리의 애착이 단순한 삶이나 복된 삶에 국한되지 않음을 보여 준다. 어떠한 결핍이 있어도 우리는 지금 있는 그대로 자신의 존재에 대한 뿌리 깊은

9　셰익스피어 『햄릿』 III. i. 69.
10　영국의 극작가 존 웹스터(1578-1632)의 『햄릿』 III. i. 69.
11　영국의 시인 알렉산더 포프(1688-1744)의 『인간론(An Essay on Man)』 1. 109.
12　셰익스피어 『맥베스』 I. vii. 6.

편애를 가지고 있다. 산악인은 암벽을 떠나지 않으려 하고 미개인은 움막을 떠나지 않으려 한다. 마찬가지로 우리는 어떤 이익이나 불이익이 있어도 현재의 생활 양식을 다른 것으로 대체하지 않으려 한다. 다른 사람의 운이 아무리 좋아도 그와 우리 자신의 존재를 바꾸지 않을 것이라고 나는 생각한다. 우리 자신으로 살지 않느니 차라리 살지 않는 편이 낫다. 미국이 얼마나 큰 제국으로 커질지, 영국의 정치 체제가 얼마나 오래갈지 보기 위해 몇 백 년 더 살았으면 좋겠다고 할 정도로 정신의 폭이 넓은 사람들도 있다. 그런 일들은 나와는 상관 없다. 하지만 솔직히 말해서 나는 부르봉 왕조의 몰락을 볼 때까지 살고 싶기는 하다. 그것은 내게 매우 중요한 문제이다. 하루라도 그때가 더 빨리 오면 얼마나 좋을까!

젊은 사람은 아무도 자기가 죽을 거라고 생각하지 않는다. 남들에게는 죽음이 찾아올 거라고 생각해도 또는 추상적인 명제로서 "인간은 누구나 죽는다"라는 가르침에는 동의한다 해도 그 시간이 자기에게도 온다는 것을 깊이 깨닫지 못한다.[13] 젊음과 활력과 혈기는 죽음은 물론 노년에도 절대적 반감을 가진다. 아무 생각이 없는 유년기와 마찬가

---

13 "인간은 모두 죽는다고 생각하지만, 언제나 자신은 예외다." —에드워드 영(1683-1765), 영국의 시인, 극작가.

지로 한창때에는 어떻게

> 이 민감하고 따뜻한 생명체가
> 이겨진 진흙 덩어리가 될 수 있다[14]

라는 것인지, 또는 혈색 좋은 건강과 자신감 넘치는 활력이 어떻게 시들고 약해지고 백발의 노인이 될 수 있는지 상상도 못한다. 우리가 공상을 하다가 인생의 끝이라는 이론으로서의 관념에 잠기다 보면 그곳이 얼마나 멀리 있는 것처럼 보이는지 놀랄 정도다. 그곳에 이르는 길은 멀기에 여유가 있다. 그 끝이 느리지만 엄숙히 다가오고 있다는 사실과 이 순간 우리의 즐거운 몽상은 얼마나 현저한 대조를 이루는가!

우리는 가장 먼 지평선의 언저리를 쳐다보고, 여행의 종착점에 도달하기 전에 뒤돌아봐야 할 길이 얼마나 길지 생각한다. 그러다 보면 어느새 발치에 안개가 끼고 나이의 그늘이 우리를 감싼다. 인생의 두 부분이 하나가 되는 것이다. 극단에 있던 두 지점이 가까워지면서 만난다. 우리가 길다고 여기던 그 두 지점 사이에 낭만적인 거리는 이제 없

---

14 셰익스피어 『이에는 이(Measure for Measure)』 III. i. 120.

다. 젊음의 활기가 사라지면 노년의 짙고 우울하고 장엄한 색채, "시들어 누런 잎",[15] 그리고 깊어 가는 가을 저녁의 어둠이 있어야 할 자리에 축축하고 차가운 안개가 모든 것을 덮고 있다는 생각이 들 뿐이다. 앞을 내다볼 동기가 없다. 설상가상으로 잘 다져지고 평범해진 길을 뒤돌아보는 일에도 관심이 없다. 인생의 즐거움은 소진되어 "시간이 파괴한 것들 속으로"[16] 사라졌거나 멀리 떨어져 있다. 고통에 많이 얻어맞아 지쳤기에 우리는 그 길을 뒤돌아보고 다시 상대할 용기도 기분도 나지 않는다. 지난날의 고충을 다시 열어 보고 싶지도 않다. 불사조처럼 젊음을 되찾고 싶지도 않고, 이 인생을 두 번 살고 싶지도 않다. 한 번이면 족하다. 나무가 쓰러지면 그 자리에 그대로 두어야 한다.[17] 장부를 덮고 거래를 끝내는 것이다.

자고로 인생은 멀리 갈수록 점점 좁아지고 어두워지는데 되돌아갈 수 없는 길을 탐험하는 것이 인생이라는 사람들이 있다. 그러면 우리는 결국 그 길 위에서 숨이 달려 질식하고 만다. 개인적으로 나는 그 좁다란 집[18]이 가까워지

---

15 셰익스피어 『맥베스』 V. iii. 23.
16 셰익스피어 『소네트』 XII.
17 『성경』 「전도서」 1:13.
18 관(棺)을 가리킨다.

면서 공기가 희박해지고 가슴이 갑갑해지는 상황에 대한 불만은 없다. 희망이 무수히 샘솟다가도 그런 생각만 하면 희망이 억눌리고 심장 박동이 짓눌리는 듯하던 때가 있었다. 지금의 나는 희박한 공기 속에 의지할 것이 없는 기분이다. 손을 내밀어 무언가를 잡으려 해도 아무것도 잡히지 않는다. 나는 관념의 세계에 너무 깊숙이 빠져 있다. 내 앞에는 헐벗은 인생의 지도가 펼쳐져 있다. 그 공허와 황폐 속에 나를 만나러 오는 죽음을 본다. 젊었을 때는 물체와 감각의 무리에 가려 죽음이 보이지 않았다. 희망이 언제나 죽음과 나 사이에서 이렇게 말하곤 했다. "저 친구는 신경 쓰지 마!" 내가 진정 사는 것 같이 살았다면 죽는 게 마음 쓰이지 않을 것이다.

하지만 즐거움을 약속한 계약이 실행되지 않고 깨지는 것, 기쁨과의 결합이 완성되지 않는 것, 행복의 약속이 백지화되는 것은 싫다. 공적으로든 사적으로든 내가 품은 희망들은 잿더미가 되었거나 어떤 것들은 그대로 남아 나를 조롱한다. 나는 그 희망들이 부활했으면 한다. 인류에게 유익이 될, 내 인생의 시작에서 함께한 듯한 가능성을 보고 싶다. 죽기 전에 명작을 남기고 싶다. 무덤에 묻힐 때는 친절한 이의 손에 맡겨지고 싶다. 이 조건들이 갖춰진다면 나는 언제든지, 기꺼이는 아니더라도, 죽을 각오가 되어 있다. 내 묘비에는 이렇게 새겨질 것이다. 그는 감사하고 만족했다! 그렇지만 나의 사색과 고통이 허사가 되는 것을 기꺼이 받아들이기에는 그 사색과 고통이 양이 너무나 크다. 돌이켜보건대 어떤 의미에서 내 인생은 지식의 언덕에서 꾼 하나의 꿈이었던가 하고 생각할 때가 있다. 그 언덕에서 나는 책과 사색과 그림에 매달려 살았다. 언덕 아래에서는 인파의 분주한 발소리와 소음이 작게 들려올 뿐이었다. 희미하고 황혼 같은 존재로 지내다 문득 눈앞에서 벌어지는 광경에 깜짝 놀란 나는 현실 세계로 하산하고 싶었고, 결국 무언가를 쫓는 그 인파에 합류했다. 하지만 너무 늦은 듯하다. 다시 학구적 망상과 게으름의 생활로 돌아가는 게 좋겠다는 생각이 든다. "자네토, 여자들을 떠나 수학을 공부해요."[19]

우리가 죽을 때가 가까워지면서 점점 죽음에 대한 생각과 두려움에 익숙해지는 게 신날 일은 아니다. 혈기와 젊음의 활력이 감퇴하면서 생명도 함께 사그라진다는 느낌이 드는 것도 마찬가지다. 주위의 모든 것이 우연과 변화에 좌우된다는 것을 깨닫게 되면서, 기운과 아름다움이 사라지면서, 희망과 열정과 친구들과 애착의 대상들이 하나둘 우

---

19 장 자크 루소 『참회록』 II. 7.

리 곁을 떠나면서 우리는 죽을 수밖에 없는 우리의 운명을 점차 알아채기 시작한다.

나는 단 한 번 죽음을 봤는데 그것은 아기의 죽음이었다.[20] 오래전 일이다. 표정은 평온하고 얼굴은 희고 단단했다. 밀랍 인형을 관에 넣고 청정한 꽃을 뿌려 놓은 것 같았다. 죽음이라기보다는 생명의 모습이었다! 호흡이 없는 입술은 움직이지 않았다. 맥박은 뛰지 않고 더이상 아무것도 보이지 않고 들리지 않게 되었다. 그 모습에 고통은 보이지 않았다. 아기는 지난 짧은 삶의 고통에 미소를 짓는 듯 보였다. 하지만 나는 차마 관뚜껑을 닫을 수 없었다. 나 자신이 질식할 듯했다. 교회 묘지 한쪽 구석에 있는 그 작은 무덤 옆 쐐기풀이 흔들거리면 여전히 그 반가운 바람에 나는 다소 생기를 되찾고, 그러면 옥죄던 가슴이 풀리는 듯하다!

상아 같기도 하고 대리석 같기도 한 챈트리[21]의 두 어린이 조각상을 가만히 바라보면 나는 순수한 기쁨을 느낀다. 우리는 왜 대리석 조각상이 살아 있지 않은 것을 슬퍼하거나 괴로워하지 않을까? 그 조각상이 호흡에 곤란을 겪고 있는 건 아닌가 하는 상상은 왜 하지 않을까? 그것은 살아 있

---

20 해즐릿의 첫째 아들은 생후 여섯 달 만에 죽었고 막내인 셋째 아들은 일곱 달 만에 죽었다. 여기서는 1817년 웨스트민스터에 묻힌 셋째를 가리키는 것으로 보인다.
21 Sir Francis Chantrey(1781-1841), 영국의 조각가.

었던 적이 없었다. 생명과 죽음의 속성이 애처롭게도 뒤죽박죽이 되는 이유는 생명이 죽음으로 바뀌는 것을 인정하기 어렵기 때문이고 또 그 둘이 우리의 상상 속에서 갈등을 일으키기 때문이다. 그래서 방금 죽은 아기가 여전히 숨쉬고 즐거워하며 고개를 돌아보고 싶어하지만 죽음의 차가운 손이 아기의 모든 기능을 꼭 틀어쥐고 모든 감각을 잃게 만들어서 그러지 못하며, 아기가 할 수만 있다면 자신이 처한 상태의 냉혹함을 호소할지 모른다고 우리는 상상한다. 아마 종교는 영혼이 육신을 벗어 버리고 다른 세계로 피했다고 설명함으로써 우리가 죽음을 더 빨리 받아들일 수 있게 만들 것이다. 일반적으로 우리는 죽음을 삶과 한데 뭉뚱그려 놓고 생각하기 때문에 그것을 소름끼치는 괴물로 여긴다. 죽은 사람이 어떻게 느낄지 생각하지 않고 우리가 어떻게 느껴야 하는지를 생각한다.

> 무덤 속에서도 자연의 외치는 소리가 들리고
> 우리의 재 속에도 지난날 불꽃이 깃들어 있다![22]

터커[23]의 『자연의 빛 연구』에서 이 주제와 연관된 감탄할 만한

---

22   영국의 시인 토머스 그레이(Thomas Gray, 1716-1771)의 「그레이의 비가(Gray's Elegy)」에서.
23   Abraham Tucker(1705-1774). 영국의 저술가. 세 권으로 이루어진 그의 『자연의 빛 연구

구절을 여기에 옮기고 최선을 다해 설명을 곁들여 보겠다.

생명이 없는 몸과 그 몸이 거주할, 어둡고 춥고 답답하고 쓸쓸한 관과 무덤의 우울한 모습을 상상하면 충격적이다. 상상만 하면 그렇지만 이해력을 동원하면 그 모든 상황에 우울한 것은 없다. 불이 활활 타는 난로가 있는 방의 따뜻한 침대에 시신을 보관하더라도 시신은 안락한 온기를 전혀 느끼지 못할 것이다. 날이 저물어 방에 불을 밝혀도 시신은 아무것도 보지 못할 것이다. 자유로이 내버려두어도 자유가 없을 것이며 사람들에게 둘러싸여 있어도 위안을 얻지 못할 것이다. 시신의 얼굴이 일그러져 있어도 그것은 고통이나 불편이나 걱정의 표현이 아닐 것이다. 그것을 모르는 사람은 없다. 그런 말을 들어도 아무렇지 않다고 할 테지만 그 물체를 보면, 아니 생각만 해도 소름 끼칠 것이다. 살아 있는 사람이 그런 상황에 처하면 끔찍한 고통을 겪으리라는 것을 우리는 알기 때문에 시신은 언제나 무시무시하고 반사적인 공포심을 불러일으키며, 이 공포심은 세상의 관습과 맞물려 증폭된다.

우리는 남이 겪는 상실을 동정하기 좋아함으로써 죽음의 공포에 고통 하나를 (자발적이고 불필요하게) 추가한

(The Light of Nature Pursued)』를 해즐릿이 요약본으로 출간한 바 있다.

다. 사실 그게 전부라면 어느 정도 마음의 평정을 찾을 수 있을지 모른다. 시골 묘지의 묘비에 흔히 새겨진 "사랑하는 당신과 아이들은 나로 인하여 슬퍼하지 말라"는 권고의 말은 대체로 신속하고 충실히 실천에 옮겨진다. 우리가 남기고 떠나는 빈자리는 생각만큼 크지 않다. 그런 생각에는 자신의 중요성을 과장하는 측면도 있고 스스로를 동정하여 위로받고자 하는 측면도 있다. 심지어 가족에게도 그 빈자리는 그리 크지 않다. 상처는 생각보다 금방 아문다. 오히려 함께 있는 사람들보다 우리의 방(관)이 더 좋아 보이는 경우도 심심찮다. 우리가 죽은 다음날에도 거리에는 사람들이 돌아다니고 군중은 줄어들지 않는다. 우리가 사는 동안 세상은 어느 정도 우리를 중심으로, 우리에게 즐거움과 재미를 주기 위하여 돌아가는 것 같다. 어쨌든 세상은 그 즐거움과 재미에 기여하지 않는가. 그러나 우리의 심장이 박동을 멈춘 다음에도 세상은 아무 일도 없었던 것처럼 평소대로 잘 돌아가고 우리는 살아 있었을 때보다 더 각별히 여겨지지 않는다. 대중에게 감상이란 없다. 그들은 다른 혹성의 주민인 양 당신이나 나에게 별로 관심이 없다. 기껏해야 우리는 일요일 신문 기사에서 며칠 더 명맥을 유지하든가 부고란에서 제대로 된 장례를 치를 뿐이다.

인생이라는 무대에서 내려온 뒤 우리가 그렇게 빨리 잊힌다고 놀랄 필요는 없다. 무대 위에 있을 때에도 거의 눈에 띄지 않았으니 말이다. 지구 반대편까지 알려지기는커녕 바로 옆 골목에 사는 사람들조차 우리 이름을 모른다. 우리는 세상과 밀접한 관계를 갖고 살기 때문에 서로에게 공통된 의무가 있다고 생각한다. 이것은 명백히 잘못된 추론이다. 우리가 지금 이 생각에 심란해지지 않는다면 사후에도 마찬가지일 것이다. 한줌의 재가 이웃에게 싸움을 걸거나 하나님에게 불평을 할 리 없다. 만일 한 줌의 재에게 머리와 혀가 있다면 이렇게 외칠지 모르겠다. "이전 세상이여, 네 갈 길을 가라, 모든 시대에 열변을 토하며 허공에서 회전하라, 너와 나는 더이상 부딪칠 일이 없으리라!"

작위가 있는 부자들이나 심지어 막강한 정치 권력을 휘두르는 자들이 얼마나 빨리 잊히는지 놀랍다.

> 요람과 무덤 사이에서
> 모든 권력자가 행할 수 있는 것은
> 약간의 지배와 약간의 통치뿐이니[24]

---

24 영국의 화가이자 시인, 성직자였던 존 다이어(John Dyer, 1699-1757)의 「그롱어 힐」.

그 짧은 시간이 지난 뒤 그들은 이름 하나 변변히 남기지 못한다. "위대한 인물이라도 그들에 대한 기억은 일반적으로 사후 반년밖에 가지 않는다."[25] 상속자와 후계자가 작위와 권력과 재산을, 사람들이 환심을 사려고 줄을 서던, 무시 못할 이유였던 모든 것을 물려받는다. 그 밖에 세상에 기쁨이 되거나 혜택이 되는 것은 하나도 남기지 않는다. 후대는 생각만큼 그리 사욕이 없지 않다. 선대의 덕을 볼 때만 감사와 존경을 돌린다. 가르침과 기쁨을 준 이들의 기억을 간직하되 그 분량은 오직 자신이 받은 가르침과 기쁨에 비례한다. 존경심은 바로 그런 배경에서 나오며 거기에는 충분한 이유가 있지 않을 수 없다.[26]

일반적인 또는 추상적인 관념으로서, 보통 말하는 나약한 삶에 집착하는 것은 사회가 고도로 문명화되고 부자연스러워진 결과다. 그전에는 사람들이 전쟁의 온갖 곡절과 위험에 뛰어들기도 하고 단 한 번의 죽음이나 열정에 모든 것을 걸기도 했다. 열정을 해소하지 못하면 그들에게 삶은

---

25 셰익스피어 『햄릿』 III. ii. 129.
26 가수나 배우와 같은 유명인들이 큰돈을 버는 것을 가지고 부당하게 반감을 표하는 일이 흔하다. 사람들은 이것을 윤리의 문제로 환원해서 등식화하는 것 같다. 유명인들의 수입은 엄밀히 말해서 사람들이 자발적으로 내는 돈에서 나온다. 그들은 소속사의 금고에 일정 금액을 채우지 못하면 고용에서 밀려날 것이다. 그 금액은 그들의 공연이 주는 즐거움의 크기와 그 즐거움을 얻는 사람의 수에 정확히 비례한다. 따라서 가수나 배우의 재능은 그에 따른 수입을 가져갈 만한 가치가 있다. (해즐릿의 주)

짐이 되었다.

그런데 지금은 머리로 생각하는 것만이 우리의 가장 열렬한 열정이다. 새로 나온 연극을 보거나 시나 소설을 읽는 일이 우리의 주된 오락이다. 우리는 이런 것들을 안전한 환경 속에서 편리한 시간에 무한정 즐길 수 있다. 순문학이 인간사를 중화시키고 열정을 머리로 얼버무린 무엇으로 축소시키기 이전의 옛날 역사물이나 중세의 모험 이야기를 들여다보면, 남녀 주인공이 자신들의 목숨을 보잘것없는 것으로 여기는 데서 그치지 않고 오히려 마음이 내키는 대로 목숨을 내버릴 기회를 찾는다. 그들은 자신들이 추구하는 것에 대한 맹목적 사랑을 광기가 서릴 정도까지 최고조로 끌어올리고 그것을 충족시키기 위해서라면 아무것도 아끼지 않는다. 다른 것은 전부 무가치하다. 그들은 신방으로 달려가듯 죽음을 향해 내달린다. 사랑이나 명예나 종교나 다른 어떤 지배적인 감정의 제단에 일말의 후회도 없이 목숨을 바친다. 로미오는 줄리엣을 빼앗겼다는 사실을 안 순간 "파도에 지친 배와 같은 자신의 몸을 죽음의 암초로 몰아간다."[27] 줄리엣은 죽음의 고통 속에서 로미오의 목을 끌어안고 돌아올 수 없는 강을 건넌다.

27　셰익스피어 『로미오와 줄리엣』 V. iii. 118.

강렬한 생각에 마음을 사로잡히면 그것은 다른 모든 것을 압도하고, 그게 없으면 삶이 즐겁지 않고 삶 그 자체는 무관심이나 혐오의 대상이 된다. 그런 상황에 놓이면 활기 없이 오래 질질 끄는 보잘것없는 삶에 집착할 때보다 적어도 상상력은 더 크게 자극받고 감정은 더 격렬해지고 행동은 더 빨라진다. 어떤 과감한, 또는 소중한 목표를 향해 돌진하는 것이, 그리고 만일 실패하더라도 씩씩하게 결과를 감수하는 것이, 따분하고 생기도 매력도 없는 삶의 임대 기간을 갱신하는 것보다, 단순히 어떤 가치 없는 것을 놓고 훗날 시시한 다툼이나 벌이다 목숨을 잃는 것보다 어쩌면 더 낫기도 하고 또 더 영웅적일지 모른다. 거기엔 죽음에 대담한 도전을 하는 무모한 야만의 기운에 더하여 순교자적 정신도 있지 않던가?

그것은 종교와 관련이 있었을 것이다. 내세에 대한 맹신은 현세를 가치 없는 것으로 만들고 그 너머의 무언가에 상상의 형체를 부여했다. 그렇게 해서 거친 군인들이나 사랑에 미친 사람들이나 용맹한 기사들이 현세의 운을 집어던지고 내세의 품으로 뛰어들었던 것이다. 뽐내는 이성과 공허한 철학으로 무장한, 여자보다 약한 현대의 무신론자들이 꺼릴 일이지 않은가! 나도 그런 사람들 중 하나라는 생각을 안 할 수 없다. 이에 대해서는 앞서 설명을 시도했으므로 더이상 상술하지 않겠다.

활동적이고 위험한 삶은 죽음의 공포를 경감시킨다. 그런 삶은 고통에 참을 수 있는 의연함을 갖게 해 줄 뿐 아니라 앞으로 발을 내디딜 때마다 우리의 명줄이 불안정하다는 사실도 가르쳐 준다. 주로 의자에 앉아서 학문에 힘쓰는 사람들은 그런 점에서 가장 걱정이 많다. 존슨 박사의 경우가 그랬다. 자신이 제기하던 시간과 영원에 대한 광범위한 사색에 견주어 보면 몇 년 정도는 금방 흘러가 버리는 것 같았다. 그에게는 문필가의 정물화 같은 삶에 변화를 줘야 할 분명한 이유가 없었다. 할 수만 있다면 그는 안락의자에서 영원히 차를 따라 마시며 앉아 있었을 것이다.

죽음에 대한 지나친 두려움을 없앨 가장 합리적인 방법은 삶에 적절한 가치를 부여하는 것이다. 그저 억제할 수 없는 기분과 견디기 괴로운 걱정을 만족시키려고 인생의 무대에 머물고자 할 뿐이라면 우리는 즉시 떠나는 편이 좋을 것이다. 한편, 삶에서 얻는 좋은 것 때문에 존재에 애착할 뿐이라면 떠날 때의 고통은 그다지 심하지 않을 것이다.

프랜시스 챈트리가 조각한 〈잠자는 아이들〉

가장 아픈 질투는

우리 자신보다

못한 사람을 향한

질투다.

사라 시던스

이아고를 연기하는
에드먼드 킨

질투에 관하여

질투는 타인의 성취나 유리한 입장에 배가 아프거나 괴로워하는 마음이다. 격정 중에서도 가장 큰 고통과 증오를 유발하는 감정이다. 그것은 우리 자신의 이익을 누리거나 추구하는 감정이 아니라 타인의 행운을 증오하고 시기하는 감정, 여물통의 개처럼 자신에게는 소용이 없는데도 타인이 마땅히 받아야 할 것을 갖지 못하게 방해하고 사취하는 데 있는 감정이다. 여기에는 자신이 약하다는 의식과 하찮은 심술과 허식이 있고, 이 진실과 이에 따른 양심의 가책을 감추고 조작하려는 욕구가 동반되므로 비열하면서도 역겹다. 질투는 (자만심이나 탐욕 같은) 격정의 잉여분 내지 파생물, 또는 삶의 모든 좋은 것들을 독점하고픈 마음의 파생물이다. 이런 마음이 있으면 자신만이 가지고 있다고 여기는 정당한 권리를 남이 가진 것을 보면 안절부절못하고 불만을 품게 된다.

질투는 이기심이 낳은 일그러진 기형아다. 별스럽고 균형을 잃은 부모의 인격을 보면 그 자식이 심술궂고 제멋대로인 게 놀랍지 않다. 모든 것을 빨아들이는 과도한 자기애의 속성 때문에 우리 눈에는 세상을 다 합친 것보다 우리 자신이 무한히 더 중요해 보인다. 그러면 하찮은 순간적 충동이나 터무니없는 생각을 실현하는 데 모든 세상의 요구와 이익을 희생시킬 것이다. 그렇다면 세상을 마구 짓밟고 돌아다니며 애타게 새로 정복할 대상을 찾는 하찮고 건방진 자아가 우연히 평범한 경쟁자를 만나서 자신의 허식이 떠밀리고, 선망과 우월감이 오직 자신의 것이라는 평소의 생각은 비틀거리고, 분하고 울적한 기분에 사로잡혀 급기야 자신을 마주하는 것조차 견디지 못할 정도로 불안해지고 화가 나고 모멸감마저 느끼더라도 놀랄 필요가 없지 않은가? 보잘것없어서 주목할 가치가 없다며 무시하던 (우리는 곧잘 그렇게 행동한다) 대상이 갑자기 경쟁에 참가해서 비교되기를 요구하면 우리는 기분이 상하고, 정신적 충격과 상처를 입는 요건이 성립된다. 무시하던 대상의 주제넘

기가 하늘을 찌른다. 그러면 우리의 복수심도 하늘을 찌른다. 다른 사람을 질투하는 우리의 시선이 그 대상에 꽂히면 우리는 눈을 떼지 못한다. 자존심과 허영심은 우리의 성공을 가로막고, 자존감을 쫄아들게 만드는 질투를 괴물로 키운다. 그때부터는 다른 건 아무것도 보이지 않는다. 아무 소리도 들리지 않고 꿈에도 다른 생각은 하지 않는다. 그 괴물은 우리를 따라다니며 괴롭히고 우리의 영혼을 송두리째 소유한다. 우리는 그 괴물에게 마음을 빼앗기고, 그러다 보면 세상 모든 사람들이 우리의 사소한 아픔과 풀죽은 자부심에 우리처럼 관심을 가진다고 상상한다.

이런 이유로 질투는 "시기하며 악의를 품은 곁눈으로 본다."[1] 질투를 일으킨 대상을 똑바로 쳐다볼 엄두도 못 내면서 그 대상에서 눈을 뗄 수가 없다. 혐오와 살의가 들 만큼 증오를 느끼게 하는 바로 그 대상을 흡족한 듯 바라본다. 말하자면, 매혹되는 것이다. 그리고 나서 우리는 좁은 도량과 허영으로 쌓아 온 한을 다른 만만한 타인에게 푼다. 즉 우리의 한껏 부푼 자기도취를 방해해서 우리 자신과 내키지 않는 비교를 하지 않을 수 없게 만든 첫 번째 사람에게 그 비교의 대상이 되는 것을 크게 인심 쓰듯 용인함으로써

---

1 존 밀턴 『실낙원』 VI. 503.

한을 푸는 것이다. 그 대상이 누구이고 그의 허식이 어떤지는 중요하지 않다. 그의 허식이 우리 자신의 허식에 대항마가 되는 경우 세상에 그보다 더 중대한 문제는 없다. 이것은 종종 우스꽝스러운 결과를 낳는다. 하인들이나 역마차 주인들이나 구두장이들이 서로 시기한다. 또 돌팔이 의사들끼리나 역마차 주인들끼리 경쟁적으로 광고하는 모습도 재미있다. 경쟁 업소 창문에 "이웃 업소의 단골 사절"이라는 의미심장한 암시를 읽으면 웃지 않을 수 없다. 이와 같은 어리석음은 사회 전반에 넘쳐난다. 누구나 어떤 분야에서든 자기에게 방해되거나 자기보다 뛰어난 사람은 질투의 대상인 동시에 세상에서 가장 큰 증오의 대상이다. 이런 사람은 최고의 우수함을 자임하면서 같은 주장을 하는 경쟁자들이 있다는 사실을 전적으로 간과하는데, 그런 경쟁자가 많다는 관점에서 보면 질투의 격정이 불합리함을 보다 분명히 알 수 있다.

큰 포부와 편협한 견해는 동일하며, 둘 다 같은 동기에 좌우된다. 운동 선수는 오직 운동 선수를 질투하고 시인은 오직 시인을 질투한다. 저마다 우월함의 기준을 자신의 직업과 일에 국한시키기 때문이다. 그래서 특정 경쟁자를 제거하기만 하면 무대를 독차지하고 "모든 사람의 시선을 받는 불사조"[2]가 되리라고 생각한다. 한 경쟁자만 짓밟으면 다른 경쟁자가 나타나지 않을 것만 같다. 자신이 인기를 독점하고 있다는 헛된 허식을 무너뜨리고 영광을 나누어 가질 자격이 있는 수많은 사람들이 없다고, 또는 다른 우수한 자질과 감탄할 재능의 소유자가 없다고 생각하는 모양이다. 모든 부류의 교수들은 자신의 전문 분야 안에서만 우수함을 찾아낸다. 그러나 그들은 자기들만이 그 존재를 인정하는 우수성이라도 자기들이 중심에 서지 않는 우수성은 아무리 작은 것이라도 짓밟아 파괴시켜 버린다. 한 배우 앞에서 다른 배우를 칭찬하면 그 말을 듣는 배우는 짜증스레 얼굴을 돌리고 싫은 티를 낸다. 그러나 대체로 다른 배우를 깎아내리면, 기다렸다는 듯이 끼어들어 말을 잇는다. 그렇게 연대 의식은 자기애에 부속적일 때만 작동한다. 어쩌면 우리와 직접적으로 관련이 없는 분야의 사람들의 장점이 우리 눈에 안 들어오는 게 좋은지도 모른다. 그렇지 않으면 눈에 거슬리는 사람이 하나라도 더 늘어나고, 그러면 마음의 눈은 더 비뚤어지고, 혐오의 대상이 늘어나고, 철저한 무관심과 절망에 이를 수 있기 때문이다.

수박 겉핥기 식의 막연한 지식만 가진 사람이 예술과 과

---

2 존 밀턴 『실낙원』 V. 272.

학에 내보이는 냉소적 무관심과 경멸만큼 악질적인 것도 없다. 차라리 단순하게 학식을 자랑하거나 질투심에 들썩이거나 부러움에 사로잡히는 게 그보다는 낫다.

남다른 이점과 재능의 소유자라고 해서 만족스러운 삶은 사는 것은 아니다. 그들은 또 그들대로 자신들이 가지고 있지 않거나 할 수 없는 다른 무언가를 (그게 아무리 하찮을지라도) 목표로 삼기 때문이다. 그래서 포프는 워튼에 대해 이렇게 말한다.

> 상원의원들이 그의 말을 이상히 여기며 넋을 잃고 들어도
> 클럽[3]은 그를 익살의 명인으로 맞아들이지 않을 수 없다.
> 그렇게 재주가 많은 사람에게 새로운 목표가 없을까?
> 그는 세네카나 윌모트처럼 빛날 것이다.

사실 세상은 훌륭한 자질이 넘치는 명망가들 무리에 대해서 까다롭게 평가하며 이것은 제법 공정하다. 세상은 한 개인에게 한 가지 이상의 탁월한 재능이 있음을 (가급적) 절

---

3 헬파이어 클럽(Hellfire Club). 필립 워튼 공작이 시작한 18세기 영국 상류 사회의 풍자 클럽. 이 클럽은 종교나 도덕을 공격한다기보다는 그것을 웃음거리로 만들고 세상을 놀라게 하는 성격이 강했다. 회원들은 런던을 중심으로 일요일마다 장소를 옮겨 가며 모임을 열고 모의 종교 의식을 치렀다.

대로 인정하지 않기 때문이다. 화가가 뛰어난 음악가이기도 하다는 점은 화가의 명성에 전혀 보탬이 안 된다. 세상이 누군가의 권리 주장을 각별히 인정할 때는 그 운 좋은 후보가 다른 모든 권리 주장을 포기한다는 조건이 따라붙는다. 사람들은 자신의 허영심이 엄청난 침해를 당할 경우에 대비해 그럴듯한 반대 주장을 펼칠 준비가 되어 있다. 하나의 자격은 곧잘 다른 자격을 돋보이게 하는 용도로 쓰인다. 우리는 한 사람이 동시에 둘인 것을 허용하지 않는다. 개체의 정체성에 대한 우리의 관념을 어지럽히기 때문이다. 우리가 누군가의 재치를 인정한다면 그 조건에는 분별력의 부족이 들어 있다. 형식을 인정한다면 그 조건에는 내용의 부족이 들어 있다. 부자, 하지만 바보 아니면 구두쇠다. 미인, 하지만 허영이 심하다. 계약이 그렇다. '하지만'은 질투와 자기애가 총애하는 말이다. 라파엘은 데생을 할 줄 알았고 티치아노는 색을 쓸 줄 알았다고 하는데, 세상이 그대로인 한 우리는 그런 구분에서 단 한 발자국도 나아가지 못할 것이다. 인간의 이해력은 흠이 없는 우월성에 대한 증거를 이중으로 받아들이게 만들어지지 않았기 때문이다. 그걸 기대하는 것은 어리석다. 누군가 한 발자국 더 나아간 주장을 하면 우리는 처음 주장의 충실성을 의심하고 그 주장을 철회하고 싶어지고, 그 모든 게 속임수이며 몰염치한 짓이 아닌가 생각한다. 우리는 적선을 했는데도 더 달라고 쫓아오는 거지를 막대기로 위협하지 않는가.

이는 사실 인간의 마음에 깊게 뿌리를 내리고 영향력을 행사하는 질투의 한 근원이다. 즉 우리는 일상적으로 우리의 동정이나 감탄에 대한 요구의 진실성과 정당성을 의심한다. 하지만 누군가의 고난이나 우수성이 논쟁의 여지 없이 확증되면 우리는 그 자리에서 마음과 지갑을 열고, 이따금 자선이나 감탄이 유행할 때는 그 반대의 극단으로 빠지기도 한다. 아무도 『웨이벌리』의 저자[4]를 부러워하지 않는다. 모두가 그를 찬미하기 때문이며, 아무리 찬미해도 부족함을 알기 때문이다. 우리는 태양의 혜택을 느끼고 빛이 비치는 동안은 태양이 빛난다고 질투하지 않는다. 누가 월터 스콧 경과 셰익스피어를 놓고 부적절하게 비교하면 우리는 경계심으로 마음이 거북해질지 모른다. 우리가 천재에 대해 갖고 있는, 오래되고 뿌리 깊으며 엄격하고 확실한 시험을 견뎌 낸 확신과 충돌하기 때문이다.

그렇다면 질투는 정의감과 모종의 관련이 있다. 질투는 사칭과 엉터리에 대한 방어책인 것이다. 우리는 허식적이

---

4 월터 스콧 경(1771-1832).

고 부당한 요구를 하는 사람에게는 마음속에 숨겨 놓은 우리 스스로의 가치를 쉽게 내주지 않지만, 정당한 명성을 날릴 만한 사람이 나타나면 경의를 표하고 심지어 우리 스스로 그런 가치와 자격을 가진 사람을 알아보는 눈이 있다는 사실에 기뻐하며 자부심을 느낀다. 이것이 우리가 죽은 사람들을 질투하지 않는 이유 중 하나다. 그들이 제거되어 우리에게 방해되지 않아서라기보다는, 그들이 숭배와 경의를 받을 자격이 있는가에 대한 모든 의혹과 분분한 의견이 죽음으로 일소되었기 때문이다. 우리의 혀에는 자유가 있어서 죽은 자들을 칭찬하는 데는 방종해진다. 우리는 루벤스를 부러워하거나 감탄을 표함에 인색하지 않다. 시간의 손이 그의 빛나는 작품에서 불확실성이나 편견의 안개를 걷어갔기 때문이다. 천재에게 명성이란

> 태양을 향하고
> 그 형상과 열기를 돌려주는
> 철문과 같다.[5]

우리가 가진 생각이 여러 세대에 걸쳐 확증된 것이라면, 우

---

5 셰익스피어 『트로일러스와 크레시다』 III. iii. 121.

리는 그 생각이 마음껏 나래를 펼치게 한다.

한편, 우리는 우리의 판단이 후대에 뒤집힐까 두려워 자신의 의견을 냉정하게 천천히 형성한다. 우리는 여러 세대를 거치며 확인된 증언을 신뢰한다. 진실하기 때문이다. 겉치레와 허식에 속을까봐 고심하지 않아도 된다. 칭송도 칭송을 받는 대상도 모두 신뢰할 만하다고 확신한다. 어떤 우수성에 대한 평판이 시간을 초월하는 것일수록 당대에서는 그에 따르는 질투가 적다. 이것을 보면 질투라는 격정은 결국 단순히 파렴치한 혐오랄지 공인된 탁월성을 비방하는 감정이 아니다. 시던스 부인[6]은 질투의 대상이 아니었다. 그녀의 비길 데 없는 재능은 경쟁은 물론 그 재능의 부정도 불허했다. 킨[7]을 부정적으로 보는 무리가 있었다면 그들은 킨의 결점에도 그의 장점을 볼 수 없거나 보지 않으려 했던 자들이다. 마찬가지로 존 켐블[8]은 처음부터 떠들썩한 갈채를 받아 비극의 왕좌에 등극하지 않았다. 끊임없는 노력과 땀을 통해 점진적으로 이룬 결실이었다. 켐블의 연기 스타일은 신의 영감으로 번득이지 않았다. 우리는 열의에 재를 뿌리거나 걸림돌이 되는, 서투르거나 어울리지 않는 연기

---

6 Sarah Siddons(1755-1831), 영국의 셰익스피어 극 배우.
7 Edmund Kean(1787-1833), 영국의 셰익스피어 극 배우.
8 John Philip Kemble(1757-1823), 영국의 배우, 사라 시던스의 동생.

를 보면 아낌없는 찬사를 보내기를 주저한다.

그래서 벼락부자가 질시와 혐오의 대상이 된다. 그들의 빈곤했던 과거와 화려한 현재를 우리의 머릿속에서 양립시키지 못하는 것이다. 우리는 사랑과 관련해서 재산을 노리고 결혼하려는 이들을 경멸하듯, 야망과 관련해서도 그런 부류를 경멸한다. 이는 세습 권리를 주장하는 하나의 설득력 있는 근거일 것이다. 우선, 상속자가 뛰어날 필요가 없게 해 주고(이는 무능력한 상속자들에게 크나큰 안도감을 준다), 다음으로 세습은 불가피하고 당연하며, 자연의 통상적 흐름에 따라 전해지는 것처럼 보이게 함으로써 반대 세력의 주장을 차단시키는 우월한 봉건적 지위의 자임(自任)을 우리는 보다 쉽게 묵인한다. 이는 경쟁 선거에서 개인의 장점과 적합성에 따라 직책이 결정될 때보다, 높은 지위와 직함을 가진 사람에게 우선권이 있다고 여겨질 때 대중의 악감정과 저항이 덜하다는 사실과 일맥상통한다. 다른 사람이 자기보다 더 큰 능력이 있거나 더 정직하다는 사실은 선뜻 인정하지 않아도, 다른 사람이 우리보다 태생적으로 더 우월할 수 있다는 것은 아무도 부인하지 못한다.

그 반면, 배움은 천재성보다 더 너그럽게 받아들여진다. 배움은 보다 긍정적인 속성이며 근본적으로 한 사람의 본질이라는 느낌이 덜하기 때문이다. 천박하고 불공평한 부의 차별과 관련해서 말하자면, 그런 부에는 존경할 만한 가치가 있는지 없는지 정밀한 자를 들이대기가 난감할 것이다. 왜냐하면 지성의 깊이를 재는 것은 어렵지만 지갑의 깊이는 쉽게 드러나며, 게다가 여기엔 약간의 공모도 결부되어 있기 때문이다.

박식한 사람들이 황금 방석에 앉은 바보들에게 머리를 숙인다.[9]

우리는 우리에게 수고하라고 근사한 저녁을 사 주고 후원을 가장한 뇌물 수수에 엮어 질투를 잠재우는 후원자에게 머리를 숙인다. 가장 아픈 질투는 우리보다 못한 사람을 향한 질투다. 그런 누군가가 우리가 탐내는 것을 가졌다는 이유로 우리를 능가하거나 그래 보이면 견딜 수 없다. 우리가 경멸하는 자들이 우리보다 돋보이면 자기애의 뿌리를 도끼로 내리찍듯이 아프다. 권력과 명성을 가진 자들과의 다툼에는 어느 정도의 존엄성이 있다. 하지만 탐욕한 자들이나 비열한 자들과의 대결은 승리를 해도 치욕이며 패배는 견딜 수 없는 일이다.

---

9 셰익스피어 『아테네의 타이먼』 IV. iii. 17.

모든 게

잘 전개되는데도

뭍에 오른

물고기 같다.

비위에 거슬리는 사람들에 관하여

　자기 자신이 불편한 사람들이 타인의 비위에 거슬리는 법이다. 고의로 불쾌감을 주는 사람들을 말하는 게 아니다. 심신이 흉하거나 거만하거나 침울하거나 따위의 뚜렷한 결함 때문에 반감을 사기 쉬운 사람들도 아니다. 호감을 살 만한 거의 모든 자질이 있는데도 괜히 비위에 거슬리는 사람들에 관해 말하고자 한다. 이렇게 운이 없는 것은 우선 그들의 태도에 무언가 있기 때문이다. 그 근원에는 비뚤어지고 비사교적인 감정 상태가 있다. 특별히 주목하지 않아도 우리는 그런 점에 영향을 받는다. 마음은 우리가 생각하는 것보다 더 섬세한 하나의 계측기이다. 그래서 명백한 행위나 실체적 증거에 흔들릴 뿐 아니라 진실까지도 직관적으로 감지할 수 있다. 우리와 함께 시간을 보내는 많은 사람들이 견해나 인격에는 특별히 흠잡을 게 없는데 왠지 그들에게 전적으로 만족하지 못한다. 자세히 살펴보면 그 이유를 알 수 있다. 그들은 자기 자신에게도 전적으로 만족하지 못해 늘 마음이 불안하고 기분이 언짢다. 그러면 우리도 영문을 생각할 겨를도 없이 덩달아 공연히 마음이 불안해진다.

일례로 우리에게 많은 친절을 베풀고 존경과 선의를 표하며 남을 돕기 좋아하는 상냥한 사람들에게 고마운 마음이 들지 않는 것은 그런 까닭이다. 그러면 우리는 스스로를 변덕스럽다거나 감수성이 둔하다며 나무라고 그런 감정을 극복하고자 한다. 그런데도 그들의 행동 방식에 있는 무언가가 우리가 다정하게 굴거나 진심으로 고마워하지 못하게 막는다. 물론 우리는 그들을 훌륭한 사람으로 여기고 우리가 할 수 있는 범위 내에서 기꺼이 그들에게 보답할 것이다. 하지만 딱 거기까지다. 우리가 할 수 있는 데까지는 최대한 체면을 차리고 그들과의 관계가 결단나지 않도록 할 뿐이다. 이 같은 상황에는 여러 원인이 있다. 즉 그들은 우리에게 (공감해야 마땅하지만) 공감하지 않으며, 그래서 우리도 그들에게 (공감해야 마땅하지만) 공감하지 않는 것이다. 그들이 차갑고 건조한 의무감 때문에 또는 참견하기 좋아하는 기질에서 그렇게 행동하기 때문이다. 또는 자기 자신의 우월함을 드러내기 위해서나 우리의 허약함에 은혜를 베풀기 위해서 행동하기 때문이다. 그들은 또한 자신들의 선행과 우월함에 대해 지나가는 말로 모종의 암시를 흘린다든지 또는 꺼내지 말아야 할 화제를 꺼냄으로써, 그런 모든 행동은 위안을 주기 위함도, 우리의 감정에 섬세한 주의를 기울이기 때문도 아님을 드러낸다.

우리는 그런 사람들을 친절한 불만덩어리라고 부를 수 있을 것이다. 그들은 대개 의기소침하고 인생에 실망한 사람들이다. 인생에서 실망스러운 면을 보고, 최대한의 선의로 자신들과 관련된 모든 것을 불편하게 만드는 일을 도모한다. 사람들의 고통에 민감하고 그것을 덜어 주려고 애쓰지만, 자신들이 전달한 즐거움과 편안함에서 만족을 찾지 못하고 자신들의 열의를 알릴 만한 게 또 없는지 눈을 부릅뜬다. 그들은 사람들에게 조만간 자신들의 도움이 필요할 거라고 암시하거나, 새로운 어려움에 처하지 않게 그들을 보호해 주거나, 그 어려움이 닥치면 구해 내 주기를 주저하지 않는다. 관대한 박애 정신과 "전후를 살피는 이성"[1]을 발

---

1 셰익스피어 『햄릿』 I. ii. 150 & IV. iv. 36-37.

휘하여 과거에 문제가 되었던 점 또는 앞으로 또다시 문제가 될 수 있는 점을 끊임없이 사람들에게 상기시킨다. 이러한 그들의 어색한 암시와 간사하게 빗대는 말과 퉁명스러운 질문과 엄숙한 표정을 보고, 우리가 자기들의 뜻과 달리 흐뭇해 하지 않고 선의를 알아주지 않으면 그들은 놀라워한다. 스스로 괴로움을 자처하면서 좋은 일을 하는 그들에게 호의와 지지를 보내지 않기란 힘들다.

하지만 그들의 그런 유감스러운 기질은 누구에게도 호감을 주지 못한다. 그들은 쓸모가 있을지언정 호감을 사지 못한다. 무슨 일에 도움을 줄지는 몰라도 타인의 기분을 짓누르고 학대한다. 그들은 누군가를 행복하게 해 주면 그 상태를 그대로 내버려두지 않는다. 자신들의 선행이 스스로 즐겁지 않은 것이다. 우울하고 의기소침한 정신 상태와 결별할 마음이 전혀 없다. 그들은 초대를 받아 공적을 축하하는 자리에서도 감상적인 냉담함과 수심에 잠긴 듯 찡그린 표정으로 초를 친다. 그들은 할 수만 있다면 사람들을 계속 곤경에 빠지게 할 것이다. 그래야 도움을 줄 수 있을 테니까. 병이 들면 간호를 해 주고, 소송에 휘말리면 중재에 나서 더 깊이 빠져들게 하고, 돈을 대출받도록 도와줄 것이다. 그러는 동안 그들은 아픈 데를 어루만져 주고 정신적인 것이든 다른 무엇이든 우리의 문제에 대한 의견을 말해 주는 일을 즐길 뿐이다. 우리가 일단 걱정을 덜고 편안해지면 "건강한 자에게는 의원이 필요없다"[2]는 듯이, 그들의 특이한 선행 대상에서 우리는 제외된다. 그러면 우리도 그들의 성가신 참견에서 벗어나게 되니 아쉬운 게 없다. 어려울 때 친구야말로 진정한 친구라는 옛말이 그들에게서는 실증되지 않는다.

  지금까지 말한 부류의 정반대편에는 여름 친구[3]가 있다. 여름 친구들은 우리가 번창하면 우리의 환심을 사고 우리의 허영심을 치켜세운다. 우리가 어리석은 언행을 보여도 여름친구들은 조심성 있는 하인처럼 군다. 잘못된 것에는 눈을 감거나 언급하지 않기 때문에 우리의 즐거움에 이바지하고, 이렇게 모든 어려움을 덮다가도 조금이라도 불운하거나 불쾌한 일이 다가오는 듯하면 말도 없이 떠난다.

    유월이 한창일 때 광택 나는 날벌레 한 마리
    향기 풍기는 꽃과 생기 넘치는 하늘에서 기운을 얻어
    풀밭에서 튀어나와 휙 날아들더니

---

2 『성경』「마태복음」 9:12.
3 메리 램(Mary Lamb)의 시 「여름 친구(Summer Friends)」를 가리키는 것으로 보인다. 이 시에서 "summer friends"는 따뜻한 계절에 인가의 안전한 처마 밑에 둥지를 틀었다가 날이 쌀쌀해지면 이동하는 제비를 가리킨다.

비위에 거슬리는 사람들에 관하여

> 높고 넓은 연회실에서 날개 소리를 높여
> 휴식하는 화려한 사람들의 신경을 누그러뜨린다.
> 그들의 그릇에 앉아 홀짝이다 빠질 뻔하더니
> 이내 나와 그들의 침상 사이를 날아다니며
> 오묘한 수단으로 그들의 민감한 잠을 위협하고는
> 도로 밖으로 나간다, 미로를 헤매듯 날아다니려는가 보다.
> ― 제임스 톰슨 「게으름의 성」

  사람들은 이런 시시한 자들을 경멸할지 모르지만, 자신은 물론 주변인들까지 바닥으로 끌어내리는 흐릿한 우울의 기운이 감도는 선의의 친구들보다 그들을 더 아쉬워한다.

  한편, 기분에 따라 매우 쾌활할 수 있지만 모든 말이나 행동이 편협하고, 겸손하되 천박한 기조가 흐르는 사람들이 있다. 이 부류는 사리 분별이 뛰어나고 아는 것도 많다. 인격에 대한 지식도 풍부하고 축적해 놓은 일화도 많다. 그런데 우리는 그들을 좋아할지 말지 마음을 정하지 못한다. 그들과 만나면 반갑지 않고 헤어져도 섭섭하지 않다. 그들과의 교분에는 진심과 사교의 즐거움이라는 결속의 기본이 없다. 이 부류는 자신들이 생각하는 대상에 즐거움을 느끼지 못한다. 그래서 남에게 아무런 즐거움도 전달하지 못하는 것이다. 거기에는 메마르고 투박하고 신경을 거슬리게 하는 태도가 있다. 즉 이들은 하나하나 사소한 것까지 파고들고, 자세한 사항을 붙들고 늘어지고, 트집을 잡는 성향이 있으며, 진보적이고 넓은 세계관에 반감을 가지고 있다. 한마디로 냉정하고 고집스럽고 진력나게 사무적이다. 문자에만 주의를 기울이고[4] 그 뒤에 있는 정신과 영향은 무시하기 때문에 우리는 그들의 이야기에 공감할 수 없다. 대화가 흥미롭거나 유쾌한 것이 되려면 평소에 함께 시간 보내기를 좋아하는 분위기가 필요하며, 그런 분위기는 모든 것에 호의적인 색채를 입힌다. 그렇지 않을 경우에는 천부적 온정과 열의가 필요하다. 천부적 온정과 열의는 간혹 사람들의 기분을 상하게 하거나 공격에 노출되기도 하지만, 그것은 열광적으로 높이 날아올라 모든 것에 번쩍이는 빛을 비춤으로써 보상한다. 문자에 얽매이고 고집 센 사람의 대화 방식은 프랑스 회화와 닮았다. 문자에 대한 기계적 충실은 법정에 제출되는 증거나 경찰의 조서와도 같다.

문자에 구애되는 사람은 직설적으로 되기 쉽다. 기분을 상하게 하는 가장 효과적인 무기는 진실이다. 메마르고 비위에 거슬리는 솔직함은 친구들을 지치게 만든다. 급소를

---

[4] 『성경』 「고린도후서」 3:6. "율법 조문은 죽이는 것이요 영은 살리는 것이니라."

찌르는 냉정한 진실을 내뱉는 사람은 가는 곳마다 불구대천의 적을 만든다. 세상에는 자신의 생각을 우리에게 알려줄 기회를 절대로 놓치지 않고 우리에 대해 들은 나쁜 말은 전부 다 전하고 좋은 말은 감추는 퉁명스럽고 '솔직한' 부류가 있다. 하늘이 무너져도 그들은 입발림을 하지 않고 다른 누군가의 악의를 조심하라고 귀띔하면서 그것이 친구의 소임이라고 생각한다. 이것은 솔직함이 아니라 후안무치다. 그럼에도 이 부류는 거리낌없이 말을 잘하는 자신들의 성향에 우리가 매료되지 않으면 이상하게 생각한다.

이와는 반대로 이웃의 가십거리를 조달하고 면전에서는 발림말을 하고 돌아서면 뒷담화를 하는 수다쟁이들이나 소문을 퍼뜨리는 사람들은 어떤 모임에서나 유쾌한 손님으로 환영을 받는다. 다음은 자신이 뒷담화의 대상일 것을 알면서도 당장의 만족을 위해 기꺼이 자신의 인격에 부과되는 공공의 세금 부담을 진다. 누가 면전에 대고 진실을 말하는 것보다는 우리에 대한 거짓말이라도 우리가 모르기만 하면 그 편이 더 좋다. 자기애는 그만큼 근시안적이고 기꺼이 '세금 부과'를 받아들인다.

그리고 논쟁을 벌여야만 설득시킬 수 있을 법한 사람이 있는데, 우리는 길을 가다 사자를 만난 듯이 그런 사람을 피하게 된다. 또한 우리가 지극히 일반적인 말을 해도 수없이 이 질문을 해대는 사람도 있다. 차라리 우리 가슴에 총구를 들이대고 돈을 내놓으라는 사람은 봐줘도 이런 사람은 못 봐준다. 통행료 징수원이나 세관원을 곱게 보는 사람은 없다. 우리가 상상의 나래를 펼 때 이를 중지시키고 우리의 신조를 비열하고 끈질기게 탈탈 털고 허위와 진위를 구별하려는 사람은 더욱더 우리의 적이다. 이 심판관들과 심문자들은 논쟁할 때마다 많은 적을 만든다. 우리는 남이 나의 실수를 일깨워 주는 것을 가장 끔찍하게 생각한다. 그런 작은 봉사는 우리의 편견과 이해관계와 자부심과 게으름 모두에 대해 선전 포고를 하는 것이다. 이것은 우리가 싫어하는데도 우리보다 우월한 이해력을 주장하는 것일 뿐 아니라 우리의 행동 근거와 대화 주제의 근거, 자신에 대한 신뢰의 근거를 박탈함은 물론이고, 우리가 찾아보는 교훈과 조언의 출처까지 박탈하는 짓이다. 달리 말하자면 우리를 어린아이로 만드는 것이다. 우리에게 이미 확립되어 있는 의견과 생각의 맥락에 혼란을 일으킨 다음, 무기력하고 텅 비고 불안정한 상태로 (우리의 생각에 불만을 느끼고 그들의 생각에 충격을 받은 채로) 우리를 내버려두기 때문이다. 그러면서 자기들이 우리의 환심을 사기를 기대하고 우리와 함께 있는 것을 서로 즐거워하기를 기대한다. 어처구니없게도, 자기들은 오직 진실하고 양심에 근거한 확신을 피력했다면서 말이다. 인간은 가식에 속지 않는다. 속기로 선택할 뿐이다. 그리고 진실된 가르침의 알약은 아무리 사탕이 발려 있어도 안은 쓰기만 하다고 생각한다. 하층민들은 직설의 아홉은 심술과 자기 평가이며 나머지 하나만이, 어쩌면, 정직일지 모른다는 처세훈을 굳게 믿는다. 논쟁에서 조금도 기를 꺾지 않고 언제나 우월한 위치를 차지하려는 사람은 비위에 거슬리고 악질적으로 보이며, 따라서 배척되거나 혼자 실컷 다투게 내버려두어야 마땅하다. 이 같은 독단가는 자신에 대한 반박 의견을 누구보다 싫어한다.

이와 관련하여 우리가 감염되기 쉬운 생각은, 암묵적 동의만큼 교묘하고 효과적인 아첨은 없다는 것이다. 아무리 능력이 하잘것없고 판단력을 제대로 갖추지 않은 사람이라도 우리의 모든 감정에 양보하고 우리의 생각대로만 생각한다면 그 사람은 사실 우리의 '알테르 이뎀(alter idem)' 즉 제2의 자아다. 우리는 주저없이 그런 사람을 심중에 들여 전적으로 신뢰한다.

책도 마찬가지다. 직설을 구실로 역설을 발산하여 인류

의 상식에 맞서는 책들은

>허가를 받아 전국에 유통되고
>서점들에게 돈을 벌어다 주는[5]

책들도 아니고, 말하기가 좀 두렵지만,

>저자들에게 불멸의 명성을 가져다주는

책들도 아니다. 그런 책들은 처음엔 소란과 항의를 불러일으키지만 대개 머잖아 잊히고 만다. 저자의 의견이 언젠가 받아들여진다 해도 그가 얻을 건 별로 없고 그의 이름은 애초의 불명예에서 헤어나지 못한다. 대중은 그런 불유쾌하고 불친절한 시혜자에 대해서는 아무런 의무감을 느끼지 않기 때문이다.

마찬가지로 알맹이는 별로 없지만 매우 재미가 있어 인기 있는 책들이 있다. 이 책들은 우리의 기분을 상하지 않게 하고 비위 맞추기를 원칙으로 삼아 그 목적을 이룬다. 우리는 기분을 존중받아 만족하므로 일단 저자의 재치와

---

[5] 호라티우스 『시학』.

지혜에 휴전을 허락한다. 이 경우 '공손한 독자'와 '친절한 저자'는 찰떡궁합이다. 그들은 서로의 결점을 배려하고 관용하는 데서 자신들의 가치를 찾는다. 확실치 않지만 나는 월튼[6]의 『낚시꾼』이 그렇게

> 옛날처럼
> 순수한 생각을 희롱하는[7]

책에 해당하지 않는가 생각한다. 홉스[8]와 맨더빌[9]은 월튼과 정반대에 있으며 그에 걸맞는 운명을 맞았다. 《태틀러》와 《스펙테이터》는 중립을 지켜 충격적인 글을 싣지 않고 티끌만큼의 고통도 없는 고상한 즐거움을 제공한다. "기분을 맞추기를 희망하라, 그러면 반드시 기분을 맞출 것이다." 이 말은 서재에나 응접실에 공히 적용되는 금언이다. 배우는 어떤가. 어떤 배우들은 허식이 별로 없어서 자신에게 만족하고 맡은 배역에 의욕이 넘치며 (비록 자신들의 대사를 전혀 이해하지 못하더라도) 관객에게 두루 인기를 끄는 것

---

6 Izaak Walton(1593-1683). 운문과 산문으로 이루어진 『낚시꾼(The Complete Angler)』을 쓴 영국의 작가.
7 셰익스피어 『십이야』 II. iv. 45.
8 Thomas Hobbes(1588-1679). 영국의 철학자.
9 Bernard Mandeville(1670-1733). 네덜란드계 영국 철학자.

말고는 별다른 장점이 없다. 또 어떤 배우들은 자신의 예술 분야에 정통하고 그들에게선 실수나 결점을 찾아낼 수 없지만, 태도가 어딘지 메마르고 쌀쌀맞고 비타협적이어서 그들을 보는 게 즐겁지 않다. 이런 배우들은 호감을 가지는 쪽으로 솔직한 결정을 내리라고 우리에게 호소하기 때문에, 또 그 호소를 거부하면 부당하다는 느낌을 우리에게 지우기 때문에 우리는 그들의 이름이 언급되는 것도 싫어한다.

비위에 거슬리는 사람들에게서 이상한 즐거움을 느끼는 듯한 사람들도 있다. 고상한 태도를 흉내내려는 사람들이 있는 반면, 이 사람들은 온갖 세련되지 못한 말투와 몸짓, 광대나 왈패의 태도와 방언을 파악해서 상스러운 언행을 익히려고 노력한다. (이것은 흔히 하류 인생에 대한 사랑으로 여겨진다.) 그들은 스스로 의도하지도 느끼지도 않는, 정당성을 인정할 수 없는 말을 내뱉는다. 사람들을 놀라게 만들거나 충격을 주는 것이 이들에게는 오락이다. 재미가 있고 신이 난다. 이들 기질에 활력소다. 이들은 둔한 인지력과 괴팍한 기질 탓에 품위와 호감의 세계에는 들어가지 못하는데, 바로 이런 이유 때문에 그런 세계에 속하는 것이라면 무엇이든 경멸하는 것을 자랑으로 삼는다.

가령 남자 같은 여자들은 여성의 매력과 섬세함이 없어 눈에 띄지 않기 때문에 모든 예의와 단정함을 버림으로써 여성보다 우월함을 가장한다. 또 다른 부류도 있는데, 이들은 그럴 생각도 없으면서 해서는 안 될 말과 행동을 계속하며 거의 전적으로 부조리한 본능의 지배를 받는다. 상상력이 비뚤어졌거나 신경이 과민하기 때문에 무언가 부당하다는 생각은 바로 그 상상력이나 신경에 자극으로 작용한다. 큰 실수를 저지를지 모른다는 두려움이 너무 커서 그들은 마음이 동요되면 결과를 생각할 겨를도 없이 아무 말이나 제일 먼저 떠오르는 말을 불쑥 꺼낸다. 무언가 잘못되는 것에 대한 두려움이 항상 따라다니고 온 신경이 거기에 쏠려 있다. 병적인 걱정에 마음이 불안해지면 침착성을 잃고 노심초사하며 그토록 피하려던 실수를 저지르고 만다.

주변을 둘러보고 누가 호감이 가고 누가 비위에 거슬리는지를 자문해 보면, 그것은 그 사람의 미덕이나 악덕, 지력이나 우둔함에 달려 있지 않고 그 사람이 일상적인 대인 관계에서 느끼는 즐거움이나 고통의 정도에 달려 있음을 알게 된다. 사람이 좋은 자질을 가지고 있다 하더라도 그 자질로 더 좋은 사람이 안 되었다면 이것은 무엇으로 알 수 있을까? 기분 좋은 원인이 당연히 기분 좋은 결과를 낳는다는다는 것으로 미루어 알 수 있다. 친구와의 교제는 그 친구가 우리에게 만족하는 정도에 비례해서 우리도 그 교제를 즐긴다. 아무리 깜짝 놀랄 만한 재치라도 즐거운 기분의 칼집에 싸여 있어야만 유쾌하다. 일례로 지적인 말더듬이라고 할 수 있는 사람들이 있는데, 그들은 고통과 수고를 들여 좋은 것을 전달하지만, 결과적으로 그렇게 명백한 불편함은 그것을 듣는 이에게 순수한 즐거움을 전달하지 못한다.

한편, 어떤 사람들은 아무런 수고를 들이지 않고 기지에 찬 말을 한다. 그들에게서는 농담과 쾌활한 기분이 강물처럼 흘러나온다. 그러면 우리는 그들과 함께 걱정없이 의기양양하게 강물에 둥둥 떠서 흘러간다.

　　재치가 키를 잡고 즐거움은 뱃머리에.

영국인의 재치는 대개 납으로 된 탄알과 똑 닮았다고 할 수 있다. 그 재치에는 무겁고 따분한 구석이 있지 않은가! 시시한 재치의 민족에게는 호감이 가지 않는다. 그들은 시시한 농담을 혼자 간직하고 즐긴다. 우리가 지닌 자기애의 기류를 꺾겠다는 어리석은 허식을 내세우지 않는다. 직업적 아첨은 이득이 되는 것으로 생각된다. '희롱가마리'는 《스펙테이터》에 따르면 사회의 일원으로서, 누가 무슨 말을 하든 기분 좋게 받아들이는 사람으로서, 또 사람들의 울분과 언짢은 기분를 푸는 데 필요한 사람으로서 매우 유용하다.

이와는 대조적으로 으스대는 불한당들이 있다. 즉 세상이 인정하는 재사들, 자유사상가들, 떠버리들인데, 승마 용어를 빌려 말하자면 그들은 추둥이를 잃어 품위나 상식에 관해서는 고삐를 조이지 못한다. 화제가 불쾌한 것일수록 더 매료되고, 자신들의 동정심의 결핍을 저속한 편견이나 점잔 빼는 허식보다 우월함의 증거로 돌린다. 하지만 여기엔 생각뿐 아니라 꼴사나운 노출이 있다. 감각에 충격을 가하고 예의를 벗어나지 않으면 언급조차 할 수 없는 사물들이 등장하고, 마음을 불쾌하게 하는 가급적 보이지 말아야 하는 적나라한 진실도 있다. 인간의 본성이란 너무 압박을 받으면 배기지 못한다. 이렇게 냉소적이고 자명한 진실 하나를 써서 세상에 내놓으면 작은 실수로 용납될지 몰라도, 연달아 계속 쓰면 고의와 계획적 범의를 드러내는 것으로 간주되어 그 작가는 반드시 파멸한다. 바이런이 말년에 그런 변칙적 글을 즐겼다(셸리를 흉내내서 공개적 악평의 시련을 겪고 싶었는가 보다). 그런 동시에 공공연히 날아드는 비방은 또 차단하고 싶어서 『카인』을 월터 스콧 경에게 헌정했다(스콧 경은 그런 애송이에게 매력적인 대부 아닌가!).

한편 어떤 사람들은 기질적으로 남을 성가시게 한다. 가만있지를 못하고 남을 잠시도 가만 내버려두지 않는다. 그들에게는 모든 일이 잘 안 된다. 두통을 호소하기도 하고 날씨를 가지고 불평하기도 한다. 책을 집어 들었다가도 금세 도로 놓는다. 과감하게 의견을 내놓다가 절반도 말하기 전에 철회한다. 도움을 주겠다고 하면서 다른 사람이 도와주는 것을 방해한다. 느긋한 시간을 보내려고 음식점에 가서 식사를 하면 그들은 생선이 제대로 안 익었네, 소스가 생선에 안 맞네 라는 둥 불평을 늘어놓는다. 와인을 주문해도 그곳에 없을 듯한 것을 시키고, 우여곡절 끝에 음식점에서 그런 와인을 찾아 내오면 입에 대지도 않는다. 그들은 한 식단에 어울리지 않는 음식을 여러 번 주문하기도 하고, 식사하는 내내 바늘방석에 앉은 듯이 차분하지 못하게 군다. 이 모든 게 건강이 양호하지 않고 즐겁게 참여하는 정신이 약하기 때문이다. 이것은 병약한 체질에서 나오는 까다로운 성질이다. 그들은 매사에 기분이 언짢다. 물론 그 언짢은 기분과 심술은 우리에게 고스란히 전달된다. 그러니 우리도 그들과 있는 게 기쁘지 않다.

소나기가 내리면 안절부절 못하거나 곤충 날개만 봐도 동작을 멈추는 이 난감한 부류에 못잖게 비위에 거슬리는 부류가 또 있다. 기질이 정반대인 이들은 모든 걸 자기들 마음대로 하고 무엇을 하든 파죽지세다. 반대의 조짐이 약간만 보여도 참지 못하고, 항상 논쟁의 한복판에 있다. 무슨 추론적인 토론을 할 때도 사사로운 다툼을 하듯이 눈살을 찌푸리고 이를 악문다. 이런 부류는 거의 모든 경쟁자를 성공적으로 누르는데도 자신들의 가상의 권위에 대한 저항 자체를 분하게 여기는 듯하고, 마치 계획적인 상해를 입기라도 한 듯이 열을 낸다. 기질이 성마르고 다른 의견에 대한 아량이 없으니 우리의 호의도 존경도 얻지 못한다. 다른 모든 사람들은 물론이고 자기 자신의 안락까지 무시하고 방해하면서까지 오만한 지적 우월감에 탐닉하는 것 외에 이들에게 중요한 것은 하나도 없는 듯하다. 이들은 추상적 명제의 등에 올라타고 모든 예의와 품위를 짓밟는다. 어쩌면 비난의 대상인 이들의 고약한 성격은 자신들이 의도하지 않은 것일지라도 타인을 충분히 배려하지 않는다는 점에 대해서는 면죄될 수 없다. 진리와 정의를 옹호한다면서 지나치게 이기적인 점에 대해서도 마찬가지다. 우리는 누구나 우렁찬 목소리로 인류의 복지를 주장하는 비현실적인 연설이나 분노와 조롱에 일그러진 얼굴로 아름다움을 논하는 연설을 들어 본 적이 있을 텐데, 별로 호감가거나 유익한 광경은 아니다.

그런가 하면 친구를 사귀지 못하는 사람들이 있다. 어떤 사람들일까? 그들은 스스로 친구가 될 수 없는 사람들이다. 이해심이 없거나 마음이 착하지 않아서도 아니고, 재미없거나 유용한 자질이 없어서도 아니다. 이 부류는 오히려 매력적인 요소를 많이 갖고 있을 것이다. 그럼에도 그 모든 매력을 상쇄하는 것이 하나 있는데, 그들이 우리에게 관심이 없다는 점이다. 우리가 뭐라고 생각하든 그들은 개의치 않는다. 우리가 다가가도 그들은 아무런 기쁨을 표하지 않는다. 우리가 있건 없건 언제나 그들은 똑같이 잘 지낼 것 같은 느낌이 든다. 둔한 것도 아니고 냉담한 것도 아니고 정신이 딴 데 가 있는 것도 아니다. 그들은 오로지 자신만의 생각에 골몰한다. 그들에게 우리는 사색의 대상일 뿐이다. 그들은 사회 생활을 하되 고독 속에서 산다. 두뇌야 어떻게 돌아가든 그들의 맥박은 일상에서 접하는 어떠한 사건에도 빠르거나 느려지지 않고 고르게 뛴다. 이 부류에게는 차갑고 밀어내는 어떤 분위기가 있다. 마치 대리석과도 같다. 한마디로 현대 철학자들이다. 과거에 공론가였던 이들이 지금은 현대 철학자들이다. 자신만의 세계에서 살며 이 세상과는 관련이 없는 존재. 그런 사람들이 우리에게 도움이 되지 않는 것은 아니다. 그 점은 인정한다. 또한 우리에 대해 심한 말을 하는 것도 아니다(설령 그렇더라도 우리는 필요악으로서 감수한다). 우리를 약오르게 하는 것은 매사에 태연한 태도다. 마치 아무것도 아닌 듯이 우리에 관해서 사색하는 모습 말이다. 해부의 원칙에 따라 값싼 시체로 실험을 하듯이 그들은 우리를 바라본다. 여기에는 어떠한 결점도 놓치지 않겠다는 단호한 의지가 있다. 우리의 실제 크기가 나올 때까지 깎아내리려는 것이다. 요컨대 이들에게는 우정에 기울거나 맹목적으로 애정하는 대상이나 일반적인 품위의 섬세함이란 게 전혀 없다. 그래서 그들이 "우리를 사냥개에게 던져 줄 시체로 생각하고 토막을 내든 진수성찬을 차리기 위해 자르든"[10] 우리의 감정과 의무감에 작용하는 효과는 매한가지다. 그들이 본질적으로 악마이든 천사이든 상관없이 우리는 그들이 지옥에나 떨어지기를 바란다.

  가치 있고 분별력 있는 사람들도 (이해심과는 아무런 상관이 없는) 기질의 단순한 폭발에 무너지곤 한다. 빈번히

---

10 셰익스피어 『율리우스 카이사르』 II. i. 174.

격분에 사로잡히고, 안절부절 못하고 휘휘 내두르는 그들의 손짓에 우리는 멀리 밀려난다. 이러면 그들에게 다가갈 엄두가 나지 않는다. 그들과 함께 있으면 분화구 언저리에 서 있는 것처럼 불안하다. 그들에게도 말하기 좋을 때가 있겠지만 금방이라도 무슨 일이 터질지 모른다! 이렇게 불확실하고 불안한 상태라면 결코 마음이 끌리거나 편하지 않을 것이다.

그리고 만날 때마다 사람을 꼭 불안하게 만드는 충고나 정보를 알려 주는 부류가 있다. 마음의 짐을 덜어 준다면서 우리가 죽어 가고 있다든가 우리가 하는 일이 곧 잘못될 거라고 말하는 식이다. 어떤 사람들은 순전히 무례해서 그런지 아니면 기질상 수선스러워서 그런지, 또는 달리 할 말이 없어서 그런지 장난으로 그와 비슷한 말들을 한다. 이들은 모두 비위에 거슬리는 사람들이다. 우리는 지나친 염려나 우리를 등한시하는 그들과 최대한 빨리 절교하는 것으로 보답한다.

떠들썩한 웃음소리와 야수 같은 생동력으로 우리를 압도하는 사람들을 만나는 경우가 있다. 이들은 흥분 정도가 보통일 때도 만취한 사람과 마찬가지로 감당하기 버겁다. 또한 살았는지 죽었는지 분간이 안 되는 사람들도 있다. 어떤 것에서든 기쁨이나 흥미를 찾지 못하는 그들은 다음과 같은 금언을 구현하기 위해 태어난 사람들이다.

> 사람들을 즐겁게 하기 위해 또는 그 상태를 유지하기 위해 내가 아는 기술은 오직 감탄하지 않는 것이다.[11]

이들의 맥빠진 무관심 또는 찌무룩한 냉소는 우열을 가릴 수 없이 짜증스럽다. 원시적이고 거친 벽지에서 자라난 사람들, 비국교도들, 가망 없는 대의의 열렬한 신봉자들. 대개 하나같이 불만이 많고 비위에 거슬리는 사람들이다. 누구보다도 웨스트민스터 개혁파가 단연 최고다. 그들의 혈관에 흐르는 피는 어뢰처럼 차고 손길은 어뢰처럼 충격을 준다. 천주교인들은 대체로 개신교인들보다, 영국인들은 외국인들보다 더 상냥하다. 우리들 가운데 스코틀랜드인의 민족성은 각별히 비위에 거슬린다. 그들은 안락이라면 그 그림자조차 싫어하고 남들이 안락한 꼴도 못 봐준다. 그들의 풍토와 종교와 습성도 똑같이 즐거움과는 상극이다. 스코틀랜드인의 관습은 사람을 역겹게 만드는 (목적한 것을 얻기 위해, 그리고 자신들의 타고난 결점을 감추기 위해)

---

11 알렉산더 포프의 『호라티우스를 모방하여』에서.

알랑거리는 아부가 아니면 사람을 오싹하게 하는 침울하고 완고하고 냉담한 태도가 특징이다.

이 에세이에서 두 부류를 잊을 뻔했다. 한 부류는 하나의 화제를 선택해서 듣는 사람들이 조금이라도 관심을 가지는지 아닌지 모른 채, 자기의 연설이 어떻게 받아들여질지 전혀 신경 쓰지 않고 지루하게 지껄이는 자들이다. 이런 사람들은 보통 따분한 사람으로 간주된다(대개는 독일인들이 그렇다). 다른 한 부류는 노련한 '역설꾼'으로 명명할 수 있다. 이 부류는 자신들의 모든 행동에서 "인간적인 동정심"[12]을 나약하고 남자답지 못하며 유약한 것으로 폐기 처분하고 상식적인 관례에 주의를 기울이지 않는다. 우월한 이해력의 표시로 흰 모자를 쓰고 독창적인 발견이라며 손수건에 가득 넣어 싼 버섯을 모자 위에 얹고 집으로 간다. 그들은 바닷가재 대신 작은 가재를 손님에게 대접한다. 상류층인 척하는 비방을 피한다며 허름한 곳에서 친구를 만나 싸구려 술을 놓고 교제한다. 주기적으로 몇 년 동안 그러다가 친구들을 버리고 다른 사람들에게 반어적으로 그 친구들은 정직한 사람들이라며 주의를 주고 야비한 편견을 심는다. 이는 가혹하고 역겨우며, 더 나아가 비위를 거슬리

---

[12] 셰익스피어 『맥베스』 I. v. 18.

고 혐오에 이르게 하는 짓이다. 이런 부류는 대체로 평범한 지력과 무딘 감성과 과도한 허영심의 소유자들이다. 그들의 손아귀에 들어가면 감당하기 힘들다. 하지만 그렇지 않을 경우 그들은 그저 비웃음의 대상일 뿐이다.

야비한 기질 때문에, 노골적인 무례함 때문에, 단정하지 못한 옷차림이나 혐오스러운 버릇 때문에, 또는 어리석거나 무지하기 때문에 비위에 거슬리는 사람들이 많다. 그러나 이런 원인들은 명백하게 도덕적 또는 신체적 결점들이고, 나는 오직 눈치와 공감 능력이 없는 데서 나오는 혐오스러운 태도에 대해서만 말하고자 한다. 지금까지는 우정에 대해 말했다. 이제는 사랑에 대해 감히 한마디하겠다. 남자가 여자에게 기울이는 정중한 행위(호의를 얻을 수 있는 확실한 방법)는 자신의 필요와 희망에 최대의 헌신을 기울이는 겉모습일 뿐이다. 그것은 여자의 만족에 기뻐하고, 그 만족에 기여할 수 있는 자기에 대한 자신감이다. 조금이라도 여자에게 무심하거나 자기 자신을 불신하면 어느 쪽이든 끝이다. 다정함은 용모나 태도나 언어 면에서의 관능이다. 다정한 표정의 얼굴은, 생기에 넘치든 심각하든, 노골적이든 억제되든 추하게 생각되지 않을 것이며, 말하는 태도가 어떠해도 어색하지 않을 것이다. 모든 여자에게 정부를 만나듯 접근하면 실패하는 남자는 없을 것이다. 소심함과 어색함은 사랑을 저해하는 두 가지 요소다.

누구에게나 두루 마음에 들려면 먼저 우리 자신과 다른 사람들이 우리 마음에 들어야 한다. 그러려면 약간 바보스러운 면과 자기도취의 윤활유와 성공에 대한 기대감이 있어야 한다. 침울한 분위기나 시무룩한 모습이나 수줍음은 금물이다. 요컨대 자기 안의 영국인은 최대한 죽이고 프랑스인을 키워야 할 것이다. 처방은 이러하지만 실천은 전혀 별개의 문제다. 선천적으로 비위에 거슬리는 사람이 그렇지 않은 사람이 되기는 불가능하다. 이것은 막대한 고통과 근심을 면하게 해 줄지 모르므로 누군가에게는 다소 위안이 될 것이다. 남의 마음에 들기 원하면 반드시 그렇게 될 것이다, 라는 말은 참된 금언이지만 모두가 마음먹는다고 실천할 수 있는 것은 아니다. 허영심이 강한 사람은 스스로가 남의 마음에 들려고 노력한다고 생각하지만 실은 돋보이기 위해 그럴 뿐이며 목표에서 한층 더 멀어져 있다. 성미가 급한 사람은 그 성미를 억제해 보지만 그러면 재미없는 사람이 될 뿐이며 뜻한 바를 성취하려는 활기를 잃는다. 좋은 성격과 행복에 찬 기질(필수불가결한 조건들)은 좋은 건강이나 잘생긴 외모와 마찬가지로 마음대로 되는 것이 아니다. 그리고 평범하고 병약한 사람들은 얼굴을 찡그리지 않더라도 또 성공을 포기하더라도, 달리 할 수 있는 게 없다. 비위에 거슬리는 사람이 할 수 있는 최선은 조심하고 노력하는 것보다 비위에 거슬리는 일이 더 줄고 사람들의 이목을 끌지 않기를 바라는 것이다. 이 소극적인 성격에 만족하고 다른 것들로 평판과 행복을 쌓을 수 있을 것이다.

누군가를 기쁘게 하지 못하고 그럴 열망도 없으며, 에세이의 끄트머리 외에는 적절한 자리가 없는 사람들의 특색을 끝으로 이 글을 맺으려 한다. 불만이 있지만 재미있는 사람들이 이 부류다. 이들은 자신들의 실패에 도취해 있다가 행운이 자신들에게 기울면 절망에 빠진다. 모든 게 잘 전개되는데도 뭍에 오른 물고기 같다. 자신들에게 찾아온 행운에 기대거나 동조하지 않고 그것을 순간의 망상으로 간주한다. 일단 의심이 들면 다시금 왕성한 걱정이 가득 차오른다. 모든 희망이 사라지면 자신이 다시 타당한 근거에 기반한 사고를 한다고 느낀다. 이들의 상상력은 활기가 없어서인지 습관이 안 되어서인지 자기 비하의 낮은 지반에서 위로 떠오르지 못한다. 상상력의 화려하고 다채로운 색채를 반영하지 못한다. 그러다가 지치고 시들어 의기소침해진다. 기대를 만족시키지도 않고 성공의 수단을 쓰지도 않는다. 성공이 손닿는 곳에 있어도 손에 넣지 않는다. 예기치 않게 번영이 들이닥치면 그것을 받는 게 부끄럽고 그럴 자격이 없다며 피한다. 여기서 말하는 이 비관론자들 부류는 남들의 불행에 기뻐하기보다는 오히려 자기 자신의 불행에 기뻐한다. 이웃들은 어느 정도 허식이 있을지 몰라도 이들은 그런 것도 없다. 짜증에 찬 불평과 불편함에 대한 기대가 이 부류가 의지하며 살아가는 양식이다. 결국 이들은 생각하기 가장 좋아하는 주제가 되는 무언가에 대한 열정을 습득한다. 그리고 그 열정 없이는 살 수 없는 것처럼, 이들은 자신들의 대화에 양념이 되고 예측으로 점철된 일상 중간중간에 생기를 주는 약간의 코담배 없이는 살 수가 없다.

마흔여섯 살 때의 윌리엄 해즐릿

학식의 하찮음을 알려면

셰익스피어 주석가들을

연구하면 된다.

학자들의 무지에 관하여

다른 언어를 더 많이 할수록 재능은 더 많이 샐 뿐이다.

그것에 힘을 쏟을수록 그만큼 다른 분야의 결실은 감소한다.

히브리어, 칼데아어, 옛 시리아어는

그들의 문자처럼 사람의 지성을 후퇴시키고

그것을 이해하려고 애를 쓰는 사람들의 이해력을

오히려 (그 문자를 쓰는 사람들처럼) 무력하게 만든다.

그런데도 여러 나라의 언어로

종잡을 수 없는 말을 할 줄 아는 사람들은

모국어로 가장 타당한 논리를 전개할 수 있는 사람보다

더 학식 있는 사람으로 통하곤 한다.

— 새뮤얼 버틀러

하나는 알고 둘은 모르는 저자와 독자는 모든 타인에 대한 이해가 가장 부족한 부류다. 읽고 쓰는 일 외엔 아무것도 할 줄 모르는 것보다 차라리 읽을 수도 쓸 수도 없는 게 낫다. 책을 들고 어슬렁거리며 다니는 사람은 (거의 틀림없이) 자신의 마음속에서나 주위에서 일어나는 일에 주의를 기울일 능력도 없고 그럴 성향도 아니다. 그런 사람은 지력을 호주머니에 넣고 다니거나 집에 두고 다닌다고 할 수 있을 것이다. 그는 생각의 맥락을 쫓지 못한다. 글을 통해 기계적으로 떠오르는 것 외에는 어떠한 관찰도 못한다. 생각하는 피곤한 일은 피한다. 습관이 안 돼 있어서 생각을 하려고 해도 견뎌내지를 못한다. 그는 머릿속 빈 곳에 채워지고 끊임없이 서로를 삭제하는 낱말들과 설익은 비유가 지겹도록 끝없이 펼쳐지는 책에 만족하며 가만히 앉아 있다.

많은 경우에 학식은 상식을 돋보이게 하고 진정한 지식을 대체한다. 책은 자연을 바라보는 안경으로 쓰이기보다는, 시력이 약하고 나태한 성향의 소유자들을 위해 자연의 강렬한 빛과 시시각각 변하는 풍경을 차단하는 막으로 곧잘 쓰인다. 책벌레는 글자로 구성된 일반론의 거미줄로 스스로를 둘둘 말고서 다른 사람들의 두뇌에서 반사된 가물거리는 그림자를 볼 뿐이다. 자연은 그를 당황하게 만든다. 낱말과 길고 완곡한 표현의 가면을 벗은 실물이 주는 인상은 책벌레를 타격해 비틀거리게 한다. 그는 실물의 다양함에 산만해지고 그 변화의 속도에 지친다. 그러면 세상의 혼잡과 소음과 눈부신 빛(그는 그 환상적인 변화를 볼 줄 아는 눈도 그것을 일정한 원리로 환원시킬 이해력도 없다)에서 고개를 돌리고 죽은 언어들의 조용한 단조로움과 덜 놀랍고 더 알기 쉬운 알파벳의 조합으로 시선을 돌린다. 그래도 괜찮다, 정말 괜찮다. "나를 쉬게 내버려두라"는 말은 잠자는 사람과 죽은 사람의 모토다. 학식 있는 독자에게서 책을 내던지고 스스로 생각하길 기대하는 것은 반신불수인 사람에게 의자에서 일어나 목발을 집어던지라고 하거나 기적이 일어나지도 않았는데 "일어나 네 자리를 들고 걸어가라"[1]고 하는 것과 마찬가지다. 그는 지식의 도움을 바라고 책에 애착한다.

  책 없이 혼자 있게 되는 두려움은 진공 상태에 처하는 공포와 같다. 다른 사람들이 공공 장소에서 공기를 호흡할 때 그는 학식의 분위기를 호흡할 수 있을 뿐이다. 그는 감각을 차용한다. 즉 자기 자신의 생각이 없고 다른 사람들의 생각

---

1 『성경』「요한복음」 5:8.

에 의존해야 한다. 습관성 음주가 위 기능을 손상시키듯이, 이질적 출처에 생각을 의존하는 습관은 "생각의 내재적 힘을 약화시킨다."[2] 사고력은 오래 계속 쓰지 않으면 또는 관습이나 권위에 속박되면, 무기력하고 열의가 사라져 생각하거나 행동하는 일에 부적합해진다.

따라서 학식 있는 사람의 게으름과 무지가 무기력과 권태를 생산하는 것은 지극히 당연하지 않은가! 그들은 모르는 문자로 된 책을 읽는 것처럼 생각이나 흥미를 자극하지 않는 행과 음절을 열심히 읽다가 결국 멍한 상태로 눈이 감기고 약한 손에 들려 있던 책은 떨어진다. 나는 비몽사몽 속에서 그렇게 내 인생을 허비하느니 차라리 하루 종일 "포이보스[3]의 감시 아래 땀을 흘리고 밤에는 엘리시움에서 잠을 자는"[4] 나무꾼이나 가장 비천한 머슴이 되겠다. 학식 있는 저자와 학식 있는 학생의 차이는 전자가 읽은 것을 후자가 옮겨 쓴다는 점이다. 학식 있는 사람은 독자성이 없는 고된 문필을 업으로 한다. 독창적인 글쓰기를 시키면 그들은 혼란에 빠지고 자신이 어디에 있는지도 모른다. 지칠 줄 모르는 독서광들은 끊임없이 그림을 모사하는 사람들 같

---

2 아일랜드의 소설가 올리버 골드스미스(1728-1774)의 철학적인 시 「여행자(The Traveller)」.
3 태양신 아폴론의 별명.
4 셰익스피어 『헨리 5세』 IV. i. 278.

다. 그들은 자신만의 그림을 그리려고 하면 살아 있는 자연의 형태들을 그릴 수 있을 만큼 자신의 눈이 빠르지 않고, 손이 떨리고, 색이 선명하게 잘 표현되지 않는다는 것을 알게 된다.

고전 교육의 정규 과정을 단계적으로 밟았지만 바보가 되지 않은 사람은 구사일생으로 여겨도 좋다. 자고로 학교에서 뛰어난 아이는 어른이 되어 사회에 나갔을 때 제일가는 인물이 되지 못한다. 사실 아이의 성공을 좌우하는 교과 과정은 고도의 지능이나 최상의 실용 지능을 요하지 않는다. 기억력은 학교 공부에서 주된 두뇌 기능(가장 하등한 기능)으로 문법이나 언어나 지리나 수학 같은 과목을 배우고 반복적으로 외우는 데 사용된다. 이 특수한 기억력을 가진 아이는 학업에 가장 앞선다. 반면에 강렬하고 자연스러운 것들을 익히는 재능은 다른 아이들에 비해 가장 적다. 품사의 정의나 산수의 법칙이나 그리스어 동사의 어형 변화 등에 관한 용어는 열 살짜리 초학자에게는 아무런 매력이 없다. 아이는 단지 의무로서 시키는 대로 하거나 그 외의 다른 것에는 큰 열의나 재미를 느끼지 못해서 하는 것이다. 체질이 허약하고 두뇌 활동이 별로 활발하지 않지만, 배운 것만은 잘 기억하고 특출나게 총명하지도 않고 스스로 즐길 줄 아는 정신이 없는 아이가 대개 전체 일등을 한다.

이와 달리 학교에서 빈둥거리는 아이는 건강하고 쾌활하다. 자유롭게 행동하되 주의깊은 아이는 자신의 피의 순환과 심장의 움직임을 느낀다. 웃다가도 금방 울 수 있고, 케케묵은 철자 교본을 보다 졸고 만다. 이런 아이는 선생님이 불러 주는 외국어 구절을 따라 말하고 수많은 시간을 책상 앞에 붙박혀 앉아 있기보다는, 학기말이나 연말에 즐거움을 누리지 않은 대가로 하찮은 상장이나 받기보다는, 공을 차고, 나비를 쫓아다니고, 얼굴 한가득 자연의 공기를 느끼고, 들이나 하늘을 바라보고, 꼬불꼬불한 길을 돌아다니고, 친구들이나 지인들의 온갖 소소한 갈등이나 이해관계에 기꺼이 끼어든다.

물론 아이들이 정규 과목을 배우거나 하찮은 표창장을 받지 못하는 데는 우둔함과 어느 정도 관련이 있다. 하지만 우둔함이라는 것은 흥미를 못 느끼거나, 주의를 기울일 충분한 동기가 없고, 메마르고 무의미한 학교 공부를 강요당하기 때문인 경우가 많다. 재능이 가장 뛰어난 사람은 이 단조롭고 힘든 일을 초월하고, 가장 둔한 사람은 그 지배를 받는다. 탁월한 천재들 중에 초중고나 대학교 시절에 학업 성취로 두각을 나타낸 사람은 별로 없다.

학자들의 무지에 관하여

게으름쟁이 공상은 늘 게을렀다.[5]

그레이[6]와 콜린스[7]는 그렇게 제멋대로인 기질의 소유자들이었다. 이런 사람들은 자신에게 이익이 되는 일을 크게 생각하지 않고 엄격한 학과 과정에 상상력을 속박시킬 수도 없다. 이와 반대로 낱말은 잘 받아들이지만 그 외의 모든 것에는 작동하지 않는 지력이 있다. 빈약한 도덕적 기질과 평범한 재능은 성공적인 에세이스트와 그리스어 풍자시인의 뛰어난 표본을 생산하는 토양이다. 현대 정치인들 중 가장 훌륭하지 않은 인물이 이튼스쿨에서 가장 똑똑한 학생이었다는 점을 잊지 말아야 한다.

학식은 책과 같은 인위적 수단을 통해서만 간접적으로 얻을 수 있는, 일반인들은 잘 모르는 지식이다. 경험이나 열정이나 취미를 추구할 때 흥미를 끄는 지식은 학식이 아니다. 학식은 학자들만이 아는 무엇에 대한 지식이다. 학자는 일상생활과 현장에서 가장 멀리 동떨어진 것, 별로 실용

---

5 찰스 램의 시 「신성한 주제에 고용된 공상」
6 Thomas Gray(1716-1771), 영국의 시인.
7 William Collins(1721-1759), 영국의 시인. 케임브리지 대학교 고전학자였던 그레이는 평생 단 13편의 시만 출간했지만 인기가 좋았고 계관시인까지 되었다. 콜린스는 군인이 되기엔 너무 게을러 런던으로 가서 18세기 영국 최고의 서정시인이 되었다.

적이지 않고 경험과 무관하게 많은 단계를 거친 불확실성과 어려움과 모순으로 가득한 것을 최대한 많이 아는 박식한 사람이다. 그들은 타인의 눈과 귀로 보고 들으면서 우리에게 자신들의 견해를 믿으라고 한다. 학자는 사람과 사물보다는 명칭과 역사적 날짜에 대한 지식을 자랑으로 여긴다. 이웃에 대해서는 아무런 생각도 관심도 없지만 인도나 타타르의 부족들과 특색에 대한 책을 읽고 정통한다. 콘스탄티노플이나 베이징의 크기는 잘 알아도 동네 골목길은 잘 모른다. 오래된 지인이 악한인지 바보인지는 잘 모르면서 역사상 모든 주요 인물에 대한 지식을 과시하는 강의를 할 수 있다. 사물의 색깔이나 모양도 잘 구분하지 못하면서 광학과 관점의 법칙에는 자칭 전문가다. 학자는 자기가 말하는 내용에 대해서 장님이 색에 대해 아는 것보다 많이 알지 못한다. 그는 아주 단순한 질문에도 만족할 만한 답변을 내놓지 못한다. 자신에게 제기되는 사실에 대해서는 늘 옳지 않은 의견을 내놓으면서, 누구든지 추론만으로 알 수 있는 모든 문제들에 대해 무오류의 심판관 행세를 한다. 그는 모든 망자와 현대어에 전문가이지만 모국어를 유창하게 말하지 못하고 쓰는 것도 정확하지 않다. 평생 이류 그리스어 학자로서 이 부류에 속하는 한 사람이 밀턴의 라틴어 문체에서 파격적인 어법을 지적하는 일을 시도했다. 그 자신의 글은 거의 단 한 문장도 표준 영어가 아닌데 말이다. B박사가 그랬다. P박사도 그렇다.[8] 포슨[9]은 그렇지 않았다. 포슨은 통례를 확인시켜 준 예외적인 경우였다. 재능과 지식에 학식까지 겸비한 포슨은 자신과 이류 학자들의 차이를 확실하게 부각시켰다.

책만 아는 단순한 학자는 필시 책에 대해서도 무지할 것이다. "책은 책의 이용법을 가르쳐 주지 않는다." 주제를 모르면서 그 책을 어떻게 알 수 있겠는가? 박식한 현학자는 책이 다른 책을 바탕으로 (그 다른 책은 또 다른 책을 바탕으로) 만들어진 경우에만 책에 정통하다. 그는 앵무새처럼 되풀이한 자들의 책을 또 앵무새처럼 되풀이한다. 한 낱말을 몇 개 국어로 번역할 수는 있지만 각 언어에서 그게 지시하는 사물에 대해서는 아무것도 모른다. 머릿속에는 출처에 출처를 거듭한 것들과 다른 데서 한 인용에 인용을 거듭한 것들로 가득 채우는 반면, 감각과 이해와 열의는 감금시켜 둔다. 그는 세상의 금언과 관습에 밝지 않고 개인의 특색이 무엇인지 모른다. 그는 자연이나 예술의 표정에서

---

8 Charles Burney(1757-1817)는 그리스어 학자였다. Dr. Parr(1786-1864)는 그의 뒤를 이은 아들을 가리키는 것으로 보인다.
9 Richard Porson(1759-1808), 영국의 고전학자.

아름다움을 보지 못한다. 그에게 "눈과 귀의 위대한 세상"[10]은 가려져 있고 "지식"의 문은 하나 외에 "전부 닫혀 있다."[11] 그의 자부심은 무지의 편을 들고, 그의 자존감은 자신도 가치를 모르면서 그걸 알 가치도 없다고 멸시하는 대상들이 늘어날수록 부푼다.

회화에 대해서도 그는 아무것도 모른다. 티치아노의 색채, 라파엘의 우아함, 도메니키노의 순수함, 코레조의 코레조풍, 푸생의 학식, 귀도 레니의 분위기, 카라치의 취향, 미켈란젤로의 숭고한 윤곽의 미, 인류의 눈에 기쁨을 선사하고 수많은 추종자들이 생애를 바쳐 연구하고 헛되이 모방한 이탈리아의 그 모든 위업과 플랑드르파의 기적에 대해 그는 아무것도 모른다. 그에게는 이 화가들이 역사에 존재하지 않았던 것이나 마찬가지다. 그저 죽은 문자, 상투적으로 입에 올리는 이름일 뿐이다. 놀라울 것도 없다. 루벤스의 〈물 먹는 곳〉이나 클로드 로랭의 〈마법에 걸린 성〉이 그의 방에 몇 달씩 걸려 있더라도 전혀 알아채지 못할 테니 말이다. 그에게 그 그림들을 보라고 가리키면 그냥 눈길을 돌려 버릴 것이다. 자연의 언어나 (또 하나의 자연인) 예술

---

10 윌리엄 워즈워드 「Lines Written a Few Miles above Tintern Abbey」.
11 존 밀턴 「실낙원」 III. 50

의 언어를 그는 이해하지 못한다. 그는 아펠레스[12]나 페이디아스[13]라는 이름을 되풀이해 입에 올리며(이 이름들은 고전에 나오기에) 그들의 작품이 천재적이라며 자랑한다(더 이상 존재하지 않으니까 하는 말). 엘긴 대리석 조각군 중에서 가장 괜찮은 것을 보면 그는 박식한 토론과 그리스어 문법에 대해 거기서 거기인 논쟁만 벌일 뿐 미술품에는 아무런 관심도 없다. 음악에 대해서도 무지하기는 마찬가지다. 모차르트 음악의 선율은 물론 산골 목동의 피리 소리도 모른다. 책에 못박힌 그의 귀는 그리스어와 라틴어의 소리, 대장간 소음 같은 학교 교육 때문에 무감각해졌다.

그렇다면 시는 아는가 하면 그렇지 않다. 시의 음보를 셀 줄 알고 희곡의 막을 구분할 줄은 알아도 그것의 혼이랄지 핵심 같은 건 전혀 모른다. 그리스어 송시를 영어로 옮기거나 라틴어 풍자시를 그리스어 운문으로 옮길 줄은 알아도, 그 시들이 그런 수고를 들일 가치가 있는가 하는 판단은 비평가에게 일임한다. 인생의 실천과 경험이 이론보다 낫다는 걸 그는 이해할까? 천만에. 그는 교양 학문이나 기술 분야를 모른다. 장사도 직업도 모르고 솜씨나 운을 요하는 놀이도 모른다. 농사를 짓거나 집을 세우거나 나무나

---

12 Apelles, 알렉산더 대왕 시대의 그리스 화가.
13 Pheidias, 고대 그리스의 조각가.

철을 다루거나 수리할 줄 아는 기술이 없다. 노동에 필요한 도구를 만들지도 그것을 사용할 줄도 모른다. 쟁기나 삽, 끌이나 망치를 다룰 줄도 모른다. 사냥이나 매사냥, 낚시나 사격, 말이나 개, 펜싱이나 춤이나 봉술, 나무공 놀이나 카드 놀이나 테니스 등 아무것도 할 줄 모른다. 모든 학예 분야에 박식한 교수는 그것들에 관해 백과사전에 실을 기사는 쓸지언정 그 어느 것도 직접 실천에 옮기지 못한다. 손이나 다리를 쓰는 습관이 몸에 배어 있지 않고, 제대로 달리지도 걷지도 못하고 헤엄도 칠 줄 모른다. 그러면서 몸이나 정신을 쓰는 기술을 이해하고 훈련하는 사람들을 속물적이고 상스럽다고 여긴다. 그 어느 것 하나라도 거의 완벽히 할 줄 알려면 긴 시간을 들여 연습해야 하고, 타고난 힘과 각별히 그 분야에 헌신할 수 있는 기질이 있어야 하는데도 말이다. 이러한 일들이 힘들게 공부해서 박사 학위나 학술 단체 회원이 되는 목적을 달성하고 나서 평생 먹고 마시고 잠자는 학자가 되는 길보다 요구하는 바가 적지 않은데 말이다!

문제는 간단하다. 사람이 정말 이해하는 것은 모두 매우 작은 범위(일상사, 경험, 우연히 알게 된 것, 공부나 연습을 할 동기)에 한정되어 있다. 나머지는 꾸밈과 속임이다. 보통 사람들은 수족을 쓰는 습관이 되어 있다. 노동이나 기술로 먹고살아야 하기 때문이다. 그러지 않으면 먹고살 수 없기 때문에 자신이 하는 일과 상대해야 하는 사람들의 특색을 잘 안다. 그들에게는 자신의 열정을 표현할 화술도 있고 마음 내킬 때 경멸을 표현해 웃음을 유발하는 재치도 있다. 그들의 자연스러운 화법은 시대에 뒤떨어진 말로 기념비적 조롱을 표현하려고 전전긍긍하지 않는다. 웃음을 자아내는 대상에 대한 감각이나 그것을 곧장 표현할 수 있는 민첩함은 어록이나 명언집에 묻혀 있지 않다. 저 유명한 대학교의 학생이나 학장들과 일 년 열두 달 함께 시간을 보내는 것보다, 런던과 옥스퍼드를 오가는 역마차의 조수석에서 더 유익한 이야기를 들을 것이다. 또한 의회의 정기 토론 회의보다 맥주집에서 왁자지껄한 토론에서 더 통렬한 진실을 들을 것이다. 나이가 지긋한 시골 양갓집 마나님은 사람의 특색에 대해 더 많은 것을 알고, 지방에서 지난 오십 년간 무슨 말이 오가고, 무슨 일이 벌어지고, 무슨 소문이 돌았는지 그 역사를 꿰뚫어 알기에 재미있는 일화를 곁들여 가며 (또래 가운데 사상과 학문에 가장 관심이 많은 여자가 그 시대의 소설이나 풍자시 등에 담긴 지식에서 수집할 수 있는 것보다 더 많이) 말해 줄 것이다. 도시 사람들은 인격에 대한 지식이 통탄할 정도로 부족하다. 그들은 사람을 봐도 전체가 아닌 반쪽만 본다. 시골 사람들은 개인에게 무슨 일이 일어났는지 낱낱이 알 뿐 아니라, 그의 미덕이나 악덕까지 안다. 몇 대 위 선대에서 내려온 얼굴 생김새의 내력도 알고, 그의 행동에 모순이 있으면 백 년 전 다른 민족과 결혼해서 낳은 후손이라 그렇다는 식으로 결말을 짓는다. 학자들은 도시에 살건 시골에 살건 그런 것에 대해서는 아무것도 모른다.

무엇보다도 어떤 시대에나 대중에게는 학자에게 없는 상식이 있다. 대중은 스스로 판단할 때는 올바른 선택을 하지만 눈먼 안내자에게 판단을 일임할 때는 그릇된 길로 간다. 유명한 비국교도인 백스터 목사는 강단에 서서 "지옥은 아기의 해골로 포장되어 있다"고 했다가 키더민스터의 선량한 여자들에게 돌로 맞아 죽을 뻔했다. 그렇지만 목사는 교부들의 말을 박식하게 인용하며 논증을 벌인 끝에 마침내 교구 신도들의 의심을 누르고, 또한 이성과 인간애를 누르고 승리했다.

학식의 쓰임새가 그러하다. 아카데미라는 이 포도원 노동자들의 목표는 시간의 흐름에 따라 더 부조리해지는 구전 금언과 선입견을 무조건 믿고 모든 상식과 선악의 구분을 깨뜨리려는 것인 듯하다. 그리고 있는 그대로의 진실에 접근할 수 없는 지경이 될 정도로 가설 위에 가설을 산더미처럼 쌓는다. 그들은 사물을 있는 그대로 보지 않고 책에서 본 대로 본다. 자신들의 편견에 개입하는 요소나 자신들의 부조리를 깨닫게 하는 요소를 발견하지 않기 위해 눈을 질끈 감고 우려되는 요소들을 차단한다. 인간이 가진 지혜의 높이는 모순을 유지하고 터무니없는 생각을 신성한 것으로 만드는 데 있다고 생각할지도 모르겠다. 포도원 노동자들은 아무리 고약하거나 어리석은 교의라도 그것을 봉인하고 하늘의 뜻이라며, 여기에 종교의 온갖 공포와 상벌의 옷을 입혀 추종자들의 이해를 강요하려 했다. 사람들에게 진실과 유익을 구하도록 안내하는 일은 얼마나 드물었던가! 교의와 체제를 비호하기 위해 얼마나 많은 창의력이 허비되었던가! 신학적 논쟁과 법률과 정치와 입으로 하는 비판, 재판관 같은 점성술, 그리고 금을 만드는 연금술에 얼마나 많은 시간과 재능이 허비되었던가! 로드 주교나 휘트기프트 주교, 불 주교나 워터랜드 주교, 프리도의 '신구약 연관', 보소브르나 칼메, 성 오거스틴, 푸펜도르프나 바텔, 또는 좀더 어구에 충실했지만 역시 무익한 학문적인 수고를 한 스칼리제르와 카르다노, 쇼페와 같은 이들의 글에서 우리는 무슨 실제적 혜택을 보았는가? 그들이 남긴 수많은 문서에 양식(良識)이 있으면 얼마나 있겠는가? 그 문서들과 책들이 내일 불에 타 없어진다고 세상이 잃을 게 무엇이 있겠는가? 아니면 이미 "카풀렛 가의 지하 납골당"[14]에 들어갔을까? 하지만 이 모든 것들이 저마다 당대에서는 신의 계시였으며, 독자들이나 나를 보고, 상식과 인간의 본성을 보고 자기들과 다르다며 비웃었을 것이다. 이제 우리가 그들을 보고 비웃을 차례다.

끝으로, 이 사회에서 가장 분별 있는 사람들은 장사하는 사람들과 세상 물정에 밝은 사람들이다. 그들은 세상사가 어떠해야 한다는 데 대해 세세히 구분 짓지 않고 눈으로 보고 직접 아는 것을 가지고 이야기한다. 여자들은 흔히 남자들보다 더 분별력이 있고 허세는 더 적고 공론에 휩쓸리는 경우도 더 적다. 또한 사물에 대한 판단도 직관적이고 무의식적으로 받는 인상에 근거하기 때문에 더 진실하고 자연스럽게 판단한다. 여자들의 생각과 말은 규칙에 따르지 않는다. 화술은 대개 남자들보다 더 달변이고 재치가 있으며, 그렇기 때문에 센스가 있다. 재치와 센스와 달변으로 여자들은 대개 솜씨 좋게 남편을 다스린다. 친구들에게 편지를

---
14 셰익스피어 『로미오와 줄리엣』 IV. i. 111.

쓸 때도 여자들의 문체는 웬만한 저자들보다 낫다.

　정규 교육을 받지 않은 사람들은 대개 무언가 잘 고안해 내고 편견에서 가장 자유롭다. 셰익스피어는 정규 교육을 받지 않은 인물이었을 것이다. 상상력이 참신하고, 다양한 관점을 가지고 있다는 점에서 그렇다. 그와 달리 밀턴은 생각과 감정의 결이 천생 학자였다. 셰익스피어는 미덕의 옹호나 악의 배척과 같은 주제로 학교에서 글을 쓰던 습관이 없었다. 이 덕분에 도덕에 관한 논조가 꾸밈없고, 충실한 극이 우리에게 주어졌다. 천재의 힘을 알고 싶다면 셰익스피어를 읽으면 된다. 학식의 하찮음을 알려면 셰익스피어 주석가들을 연구하면 된다.

열세살 때의 윌리엄 해즐릿

인간은

슬퍼하기 위해

만들어졌다.

빌 니트   '개스맨' 톰 히크먼

맨주먹 권투[1]

싸움, 그래 싸움이 답이야,

그걸로 왕의 양심을 포착해야겠어.[2]

"뜻이 있는 곳에 길이 있다." 나는 혼잣말을 했다. 12월 10일 월요일, 여섯 시 반 무렵, 챈서리 레인을 지나가고 있었다. 그다음 날에 열릴 권투 경기를 어디로 가면 볼 수 있는지 알아보려고 잭 랜들[3]의 가게로 가는 길이었다. 이 경우 그 속담은 내게 옛말이 아니었다. 하늘이 두 쪽 나도 나

---

1 '개스맨' 톰 히크먼과 빌 니트의 권투 경기로 1821년 12월 11일에 벌어졌다. 자신의 기량에 대해 '허풍을 떤다(gas)'고 개스맨이라는 별명이 붙었다.
2 셰익스피어 『햄릿』 II. ii. 604-605.
3 Jack Randall(1794-1828), 영국의 맨주먹 권투 선수. 1815년에 시작해서 1822년에 은퇴할 때까지 그의 체급에서는 단 한 번도 패하지 않았다.

는 이 권투를 볼 작정이었고 결국 뜻을 이루었다, 아주 품격 있게. 나의 첫 권투 구경은 기대 이상이었다. (숙녀 여러분, 이 관람기를 여러분에게 바칩니다. 여자들이 용자들의 행위에 관심을 기울이는 것이 안 어울리는 듯하다고 생각하지 마시기 바랍니다.) 용기와 정숙은 영국의 오래된 미덕이니 서로 냉대하거나 미심쩍게 보지 않기를 바란다! (여자 중 여자여, 미인 중 미인이여, 사랑의 마법을 부리는 이들이여, 당신들은 링 위에서 쓰러지는 자들보다 얼마나 많은 사람들을 독을 친 미끼로 죽이는가! 그리고 겉보기에는 비극적이지만 권투광들의 신성한 경기 이야기에는 떨지도 않고 얼마나 차분히 귀기울이는가!)

챈서리 레인을 따라 걸으면서 잭 랜들에게 권투가 어디서 벌어지는지 물을 생각이었다. 그런데 '비좁은 집'[4] 안에서 한 신사가 랜들 부인에게 내가 할 질문을 『웨이벌리』의 저자[5]가 썼을 법한 말로 묻는 소리가 유리문을 통해 흘러나왔다. 랜들 부인이 그 신사의 질문에 경량급 챔피언의 아내답게 신뢰가 가는 대답을 해주고 있었다. 기다렸다가 이 신사한테 물어서 알아내야지, 하고 나는 생각했다. 사실 나는 '영웅과 철학자'나 보러 이 가게에 가는 것을 좋아하지 않는

---

4 챈서리 레인의 'The Hole in the Wall'. 권투 선수 잭 랜들이 운영했다.
5 월터 스콧 경.

다. 예전에 주인이 (잭은 신사가 아니라서) 대접하는 식탁에서 양고기를 달라고 했다가 나를 쫓아내겠다는 협박을 받은 적이 있기 때문이다(13승 전력의 그 승리자에게 예의보다는 품질 낮은 진이 가득 차 있던 때이긴 했지만). 그래서 언젠가 이 '비좁은 집' 인물이 화제에 올랐을 때 스트랜드가의 양말장수 제임스 심킨스가 "아주 좋은 주점이죠, 사람들도 아주 점잖고요. 나도 거기 가 본 적이 있거든요!"라고 하는 말을 들었을 때 내 기분은 더 나빠졌다.

이 집 주인이 (안주인과 한패로) 나를 그렇게 박대한 일을 떠올리고는 이 기쁜 시간에 그녀에게 불온한 생각을 불어넣고 싶지 않아서 문밖에서 기다리는데 세상에 내 친구 조 톰스[6]가 나타나지 않았겠는가. 그는 권투광 티를 내는 탄력적이고 안달하는 듯한 빠른 걸음걸이로 불현듯 나타나 챈서리 레인을 따라 걸어오고 있었다. "저 친구 필시 나한테 권투 경기에 데려가 달라고 오는 길일 거야." 그렇게 혼잣말을 했는데 내 생각이 맞았다. 우리는 그곳에 가는 방법을 의논하려고 내 숙소로 자리를 옮겼다. 그때 우리 사이에는 큰일이 생겼을 때 옛 친구를 새 친구로 만들고 새 친구를 옛 친구로 만들어 주는 다정한 감정이 깃들었다. 우리는

---

6 해즐릿이 부르던 별명으로 본명은 Joseph Parkes(1796-1865). 당시 해즐릿과 사회적으로 친분이 있던 청년으로 제러미 벤담을 따랐으며 런던에서 한 변호사의 도제로 일하고 있었다.

따분하고 아무런 생각도 감정도 나눌 게 없을 때 서로에게 냉담하다. 누군가의 머릿속에 흥분된 즐거움을 일으키는 화제를 던져 주면 그 사람은 제일 처음 만나는 사람을 붙들고 기쁜 마음으로 그 이야기를 나눌 것이다. 톰스와 나는 서로 만나는 일이 별로 없는데도 이 잊을 수 없는 경기를 앞두고는 막역한 친구 같았다. 서로가 가진 정보를 솔직하게 털어놓았으며 "그렇게 아무런 걱정 없이 한가하게 시간을 보냈기에"[7] 다음에 권투를 보러 갈 때는 톰스를 길동무로 삼고, 돌아오는 길은 내 친구 잭 피고트[8]와 동행한다면 더 바랄 게 없겠다. 경기에 대한 예측과 결과에 대한 이야기를 나누면서 바로 꺼낼 수 있는 고상한 화제를 가지고 상황에 따라 자유롭게 여담을 나눌 수 있으니까. 나중 일이지만, 열의가 넘친 순간 무심결에

> 기쁨을 자유로이 즐기는 것보다
> 더 큰 행복이 어디에 있는가?

라는 스펜서의 시를 입 밖에 흘리자, 과연 창의력이 풍부한 잭 피고트가 내 말을 가로채더니 그 싯구를 일상어로 번역

---

[7] 셰익스피어 『뜻대로 하세요』 I. i. 118.
[8] 영국의 저널리스트이자 작가인 P. G. Patmore(1786-1855)를 가리킨다.

하면 "권투를 보러 가는 것"이라고 말했다.

조 톰스와 나는 가는 방법에 대해 의견을 모으지 못했다. 그는 자기가 알기론 톰 벨처⁹의 주점에서 두 시에 출발하는 승합마차가 있다고 했다. 그곳에서 곧장 목적지로 출발해서 이튿날 돌아온다는 계획이었다. 그런데 나는 절대 밤새도록 여행하지 않기에 뉴버리까지 우편마차를 얻어타야겠다고 말했다. 조는 그건 안 될 거라고 딱 잘라 말했다. 나는 이미 마음을 정했다고 답할 수밖에 없었다. 결국 그는 망설이는가 싶더니 자기는 내가 가는지 안 가는지 보러 왔을 뿐이며, 써야 할 편지들이 있어서 다음날 가야 한다며 헤어지면서 힘없이 (나는 당장 떠날 결심이 섰기에) "그러면 필리피에서 봐요!"¹⁰라고 말했다. 나는 서둘러 피커딜리로 갔다. 우편마차 대기소는 횅뎅그렁했다. "한 대도 없네. 난 늘 이 모양이지. 한 순간에 미래를 잃어버리잖아. 내가 차를 한 잔 더 따르지만 않았어도 늦지 않게 왔을 텐데." 나는 내 어리석음과 불운을 싸잡아 저주했다. 그리고 우편마차 사무실에 들러 상황을 파악할 체도 안 하고 그곳을 떠나 나의 꾸물거림과 결단의 부족을 식식대며 나무랐다. 어쨌

---

9   Tom Belcher(1783-1854), 프로 권투 선수 제임스 벨처의 동생으로 '캐슬'이라는 이름의 주점을 운영했다.
10 셰익스피어 『율리우스 카이사르』 IV. iii. 286.

든 나는 포기할 생각이 없었다. 훈슬로 아니면 좀 더 멀리까지 가서 이튿날 아침에 떠나면 될 듯했다. 나는 하이드 파크 코너(나의 루비콘)를 지나면서 모든 것을 운에 맡겼다.

갑자기 덜걱거리는 브렌트포드 역마차 소리가 들렸다. 그러자 권투 경기 모습이 내 마음속에 갑자기 밀어닥쳤다. 나는 내 생각을 여행의 동반자로 삼느니(당시엔 내 생각의 상태가 그러했으므로) 브렌트포드 역마차 마부를 동반자로 삼는 게 낫다고 생각했다(분별없는 생각은 아니었다). 그의 제안으로 마부석 옆에 올라탄 나는 곧바로 내가 처한 입장을 늘어놓았다. 배스 우편마차와 브리스틀 우편마차를 놓치고 혼자 갈등했던 이야기며 결국 최선을 다해 계획을 실행에 옮기겠다는 결의를 말했다. 그러면서 긴 마차와 짧은 마차를 비교하며 헐뜯거나 모욕적인 말을 하는 일은 없었다. 역마차와 마부는 그들이 달리는 거리에 비례해서 존경받을 만다는 것이 나의 처세훈이다. 이에 따라 나는 마차에 관해서는 브렌트포드 마부에게 한마디도 하지 않았다. 추상적인 주장이나 이런 종류의 개인적인 감상을 꺼내려는 조짐(그는 짐작했을지 모르지만)은 미연에 방지되었다. 내가 우편마차를 놓쳤다는 사실에 분개하며 말을 꺼내기가 무섭게 마부는 딱 잘랐다. 아니나 다를까! 그 순간 우편마차

세 대가 우리를 도발하듯이 질서 정연하게, 앞에 놓인 길을 집어삼킬 듯 빠른 속도로 지나쳐 갔다. 여기서 나는 다시금 드라이든이 언급한 모순된 상황에 놓인 것 같았다.

운명의 여신을 쫓는데 내가 바싹 쫓기고 있구나!

우편마차 대기소에서 일 분도 안 걸리는 화이트 호스 셀러에 갔더라면 나는 품위 있고 태연하게 이상적이고 완벽한 기계적 운송 수단에 올라타 달리고 있었을 것이다. 배스 우편마차를 탈 생각이었지만, 나는 어리석어서 (매사에 그렇듯이) 행동보다 의욕이 앞섰고 차선책도 준비하지 않아서 배스 우편마차도 놓쳤다.

"손님," 하고 브렌트포드 마부가 말했다. "배스 우편마차가 곧 지나갈 겁니다. 제 처남이 그걸 모는데요, 지나갈 때 세워서 빈자리가 있는지 알아보겠습니다."

나는 내 수호신을 의심할 뻔했다. 그런데 웬걸, 배스 우편마차가 전광석화처럼 달려오더니 브렌트포드 예후[11]의 부름에 바로 멈췄다. 이렇게 내 눈으로 보지 않았더라면 이 상황을 믿지 않았을 것이다. 우편마차를 모는 그 처남도 보

---

11 여러 왕국으로 분열된 이스라엘에서 혁명을 일으켜 왕들을 죽이고 왕위에 오른 예후(Jesu). 브렌트포드 마부를 익살스럽게 영웅으로 빗댄 말이다.

통 사람이 아니었다. 나는 지체 없이 우편마차 위로 옮겨 탔다. 나는 잔돈이 없어서 차장이 내 요금 중 일부를 나중에 브렌트포드 마부에게 주었으면 했다. 나는 커다란 망토를 제공받았고 안개 속에 부슬부슬 내리는 비 때문에 우산을 폈다. 그리고 우리는 바람을 가르며 쏜살같이 달렸다.

하나둘 이정표가 우리 뒤로 멀어졌고 비가 멈췄다. 트레이너인 톰 터틀[12]이 내 앞에 앉아 있었다. 나는 권투를 보러 가는 신사로서 그와 정중하게 인사를 나누었다. 한 시간 전 마차를 갈아탈 때의 열정은 가라앉았고 나는 후회에 잠겼다가 다음날 있을 권투에 대한 사색에 빠졌다. 마차가 레딩에 도착하면 내게 실내 좌석을 주겠다는 약속을 받았다. 나는 대체로 운이 좋다고 생각했다. 상상의 힘이란 이런 것이다! 12월 10일에 다른 역마차의 실외 좌석에 앉아 스코틀랜드의 비 내리는 듯한 안개와 구름에 가린 달빛 아래서 바람을 가르며 달린다면 춥고 쓸쓸하고 몹시 짜증이 났을 것이다. 당연히 옷도 푹 젖었을 터인데, 우편 공사의 우편마차를 타고 있으니 따뜻하고 편안했다. 바람도 좋고 마차를 타는 것도 좋았다. 마차가 달리는 속도도 마음에 들었고 이 여행에서는 모든 게 잘 될 것 같았다.

---

12 실명은 John Thurtell(1794-1824). 트레이너이자 스포츠 프로모터였다.

맨주먹 권투

레딩에서 실내에 타고 보니 터틀과 한 뚱뚱한 환자가 있었다. 복장을 보니 권투광이라는 걸 알 수 있었다. 그는 석 달 동안 병석에 누워 있다가 권투를 보려고 일어나 우편마차를 탔다. 두 사람은 친한 사이였고, 우리는 곧 활발한 대화를 나누기 시작했다. 내 친구 터틀과의 대화는 투견과 격투, 곰과 오소리에 제한되었고, 이 범위를 넘어가면 터틀은 풀이 죽거나 다른 화제가 시작되면 뚱해 있다가 요령껏 잠을 잤다. 훈련은 연습과 금욕, 금욕과 연습의 끝없는 반복이 전부라고 한다(그에게서 배우는 바가 있었다). 아침에 일어나면 먼저 달걀 노른자 위에 럼 한 스푼을 끼얹어 먹고 6마일을 걷는다. 그런 다음 아침 식사는 차와 토스트, 비프스테이크를 양껏 먹는다. 그리고 점심까지 다시 6-7마일을 걷고 소고기나 양고기에 흑맥주를 먹고, 많이 먹을 때는 세리주 한두 잔을 더 먹는다. 마틴[13]은 물만 마시며 훈련하지만 그러면 그의 질환이 매우 위험한 쪽으로 전이되어 심각해진다. 한편, 개스맨은 육 주 간의 훈련 기간 동안 이따금씩 몰래 처핑 글라스 럼을 마시는 것으로 스스로를 위로하며 (내가 알기로는) 꽤 많은 돈을 가진 히크먼 부인이 곁에 없는 것을 달랜다.

---

13 본업이 제빵사인 잭 마틴은 1819년 잭 랜들에게 패하고 1822년에 다시 매치를 시도했으나 성사되지 않았다.

맨주먹 권투

　물질은 나를 얼마나 압박하는가! 사실이란 얼마나 완고한가! 자연과 예술은 얼마나 무궁무진한가! 언젠가 리치먼드[14] 씨가 "여러 다양한 걸 봐두는 게 좋습니다"라고 말하는 것을 들었다. 닭싸움이 유익한 구경거리라는 말이었다. 도덕에 관한 논문이라도 같은 책을 두 번 다시 읽는 것보다 이런 실용적인 것을 단편적 방식으로 고찰하는 것이 사물의 (마땅히 어찌되어야 한다가 아니라) 있는 그대로의 모습에 대해 더 많이 배우게 됨을 나는 부인할 수 없다. (그게 어디였냐고요?) 나는 링의 영광을 안게 될 그와 함께 저녁을 먹고 있었다. "좋은 소화 작용이 식욕의 시중을 들고 건강이 소화와 식욕의 시중을 드는"[15] 자리였다. 식사 후 자연스럽고 즐거운 분위기 속에서 한 시간쯤 대화를 나누고 건강을 위해 언덕과 골짜기를 빨리 다녀온 뒤 다시 휴식을 취했다. 저녁 식사 시간에 돌아온 나는 곧 잠이 들었고 다음 날 여섯 시에 일어났다. 우리의 영웅은

　　유익한 열정을 지니고서
　　쉼 없이 달리는 태양을 쫓는다,[16]

14　Bill Richmond(1763-1829), 미국 흑인 프로 권투 선수로 영국으로 건너가 많은 사람들에게 권투를 가르쳤다. 해즐릿도 그에게 잠깐 권투를 배운 적이 있다고 한다.
15　셰익스피어 『맥베스』 III. iv. 37-38.
16　셰익스피어 『헨리 5세』 IV. i. 276-277.

'마법의 푸른 원'[17] 안에서 승리나 패배를 안게 될 그날까지. 그 삶이 나의 삶보다 더 달콤하지 않은가?[18]라고 나는 말하려고 했지만, 비방하는 것이 될까 봐 (이 글을 쓰는 지금) 콜로신스와 아코닛[19] 찌꺼기처럼 씁쓸한 내 삶을 다른 삶과 비교하지 않으련다.

배스 우편마차의 환자는 터틀보다 기분이 더 많이 고무되었고 공상이 많아서인지 잠을 설쳤다. 우리는 즐거운 대화로 시간을 보냈다. 그 환자는 벨처의 주점에서 싸움에 휘말려 부러진 갈비뼈를 수술로 고쳤기 때문에 이에 대한 믿음이 있었지만, 병원의 안내서에 브랜디 술독을 치료한다는 항목이 없다면서 의사들을 브랜디도 안 마시는 좀생원으로 여겼다.

소화불량은 처음 만난 사람들에게 훌륭한 화제다. 나는 그 환자의 비위를 맞추려고 내 담당 의사 얘기를 해 주었다. 의사한테 당신의 처방 때문에 몸이 더 안 좋아진 것 같다고 열심히 설명했더니 약전(藥典) 어디에도 그 처방전과

---

17 상금이 걸린 '내기 권투'는 당시 불법이었기에 당국의 눈을 피해 야외에서 장소를 옮겨가며 벌어졌다. 링은 구경꾼들이 둥글게 둘러싼 풀밭이기 때문에 '푸른 원'이라는 것이다.
18 셰익스피어 『뜻대로 하세요』 II. i. 2-3.
19 콜로신스는 구토제로 쓰이고 아코닛은 투구꽃의 일종으로 독성이 있다.

비슷한 것이 없으니 자기가 그런 처방을 내렸을 리 없다고 했다. 그러더니 자기가 명의라는 증거로 "지난 십오 년 동안 작가님과 똑같은 병을 가진 한 환자를 돌봐 주었습니다"라고 말했다. 이 일화를 들은 내 여행 동반자는, 소화불량 하나 가지고 십오 년이나 끌면서 무슨 명의야, 하면서 망토 세 장을 걸친 옆구리를 움켜쥐고 몸을 들썩거리며 떠들썩하게 웃었다. 그 소리에 잠을 깬 터틀은 권투가 어떻게 끝날지 꿈에서 봐서 안다고 단언했다. 아니나 다를까, 그 친구는 3라운드까지는 경기가 어떻게 될지 예언했지만 "그의 꿈은" 다른 것들처럼 "지난 경기를 보여주는"[20] 것이었을 뿐이다. 또한 선수들을 잘 알기에 그걸 바탕으로 예상하는 것이다.

이제 은빛 달이 떴다. 나는 약간 주저하다 그 연구 정신이 있는 환자에게 평온하고 아름다운 저 달이라는 물체와 그 너머의 고요한 푸른 빛에 대해 얘기했다. 그러자 그의 귀가 "진정으로 솔깃했다."[21] 다음날 날씨가 화창할 전조였기에 더 그랬을 것이다. 소나기가 시샘하여 권투장을 흠뻑 적시지 않고 햇빛처럼 밝게 웃는 얼굴들이 그곳을 빙 둘러쌀 터였으니까. 모든 게 순조로운 그때 나는 뒤에 남겨두고

---
20 셰익스피어『오셀로』III. iii. 427.
21 셰익스피어『오셀로』I. iii. 146.

온 내 친구 조 톰스를 떠올리고 순진하게 말했다.

"뒤에 남기고 온 멍청한 친구가 있는데, 그 친구가 우편마차를 탈 가망이 없다면서 직장에서 무슨 편지를 쓰고 나서 새벽 두 시에 벨처의 주점 앞에서 승합마차를 탈 거라지 뭡니까."

그러자 옷깃이 큰 양복을 입은 그 환자가 말했다.

"우리가 본 그 사람 같군요. 그 사람, 역마차들 문을 두드리며 권투를 보러 가는 자기 친구를 봤냐고 물으면서 미친 듯이 뛰어다닙디다. 무슨 메모를 남기다가 바보같이 너무 시간을 지체해서 그 친구를 놓쳤다면서. 혹시 그 친구의 망토가 격자무늬였나요?"

내가 대답했다. "아뇨, 그 친구와 헤어졌을 때는 아니었지만, 나중에 그걸 걸쳤는지도 모르죠. 나한테도 하나 빌려준다고 했거든요."

격자무늬 망토로 한 가지만은 확실해졌다. 아니나 다를까 조 톰스는 브리스틀 우편마차를 탔고 그 우편마차는 우리보다 오십 야드쯤 앞섰다. 이게 무슨 코미디 같은 일인지.

몇 마일만 더 가면 목적지였지만, 뉴버리에서 두 마차가 잠시 섰을 때 나는 바로 내려서 다른 마차를 향해 소리쳤다.

"그 안에 톰스라는 신사가 타고 있습니까?"

"아뇨!"라는 대답이 들려왔다. "방금 내렸거든요." 조 톰스가 제법 길핀[22]처럼 말했다. "휴! 운이 좋았어요. 하지만 제가 작가님을 놓쳐서 얼마나 당황했는지 모르실 거예요." 톰스는 목소리를 낮추며 덧붙였다. "제가 작가님과 헤어지고 가는 길에 벨처의 주점으로 가서 승합마차에 대해 알아봤거든요. 벨처 부인이 친절하게 말해 주더군요. 승합마차는 모르겠지만 어떤 두 신사가 우편마차 좌석을 샀다가 랜도[23] 마차로 바꿔 타고 떠났다면서 우리한테 그 좌석을 거저 줄 수 있다고 했어요. 그런데 작가님을 만나지 못해서 유감스럽게 되었죠. 돈을 안 들이고 거저 갈 수 있었는데 말입니다. 근데 이 얘긴 비밀입니다."

내게 비밀을 말하는 건 고양이한테 생선을 맡기는 짓이다. 글로 인쇄되어 나올 테니까. 나는 친구들을 기쁘게 해 주는 일엔 관심이 없다. 그리고 사람들을 내 글에 주목하게 하는 건 내게 굉장히 큰 유혹이다.

우리의 당면 과제는 여인숙에 가서 잠자리를 마련하고 저녁을 먹는 것인데 쉬운 일이 아니었다. 여인숙들은 전부 만원이었다. 불이 켜진 개인 집은 사람들이 무슨 일인지 창

---

[22] 영국의 시인 윌리엄 쿠퍼(1731-1800)의 희극풍 민요에 나오는 존 길핀 식의 말장난을 가리킨다.
[23] 앞쪽 지붕만 열고 달릴 수 있는 사륜마차.

문으로 밖을 기웃거리다가도 누군가 숙박 문의를 할 것처럼 수상하게 접근하는 듯하면 창문을 닫아버렸다. 우리 마차의 차장과 마부는 크라운 여인숙 앞에서 안을 향해 큰 소리로 말해 봤지만 아무런 소용이 없었다. 안에서 들려오는 소리가 더 시끄러웠으니까. 그러자 자물쇠가 풀리더니 문이 열렸고 우리는 입장을 허락받았다. 주방에 들어가 보니 한 무리가 아늑한 난로를 중심으로 자리를 잡고 있었다. 어떤 사람은 잠들고 어떤 사람은 술을 마시고 어떤 사람은 정치나 권투 이야기를 하고 있었다. 키가 크고 (얼굴이 어딘가 매슈스[24] 같고 꽤나 재치 있으며)

　　수도사가 되기에는 너무 원기왕성한[25]

어떤 소지주가 수익과 세금, 과거와 현재의 곡식 가격에 대해 엄청나게 큰소리로 떠들고 있어서 우리가 문 앞에서 아무리 불러도 안에서 들리지 않았던 것이다. 내가 제일 처음 들은 건 1실링짜리 물 탄 브랜디 내기를 하고 발뺌하는 사람에게 그가 하는 말이었다. "망할 놈, 싱겁기는!" 이 말을 나는 좋은 표현이라고 생각했다. 재미있을 것 같은 좋은 징

24　당시 인기 희극 배우 찰스 매슈스(1776-1835).
25　제프리 초서의 『캔터베리 이야기』에서.

조였다. 밤새도록 그는 그렇게 떠들었다. 날이 밝아 와도 기세가 전혀 꺾이지 않았다. 그는 재치와 센스와 활력을 겸비하고, 기탄 없이 말하고 솔직하고 쾌활하며, 튼튼한 몸과 기쁨에 찬 마음을 가진 대단한 사람으로, 줄에 묶인 그레이하운드처럼 우뚝 서 있었다. 아르플뢰르를 공격할 때 헨리 5세와 동행한 그 영국산 순종 그레이하운드 모양으로.

우리는 차와 달걀을 시켰고 (잠잘 침대를 얻는 건 어림도 없다는 걸 곧 알게 되었다) 이 소지주의 말은 매콤한 소스 같았다. 그가 지팡이를 휘두르며 늘어놓는 말은 내 마음에 유익했다. 그는 술에 취하고 멍청하고 얼굴이 불그스름하고 다투기 좋아하고 추레한 어느 농부를 고기처럼 잘게 갈아 버렸다. 그의 코를 가지고는 바돌프[26]처럼 햇불로 만들기도 하면서 수많은 직유적 표현을 써가며 말했다.

"여기 여주인이 자네를 이곳에 데리고 있기만 해도 땔감과 초를 절약할 수 있을 거야. 자네 코를 만지면 숯 조각처럼 불이 붙을 테니 말일세." 이 말을 듣고도 그 농부는 천치처럼 싱글거리기만 했다. 그의 얼굴에서 유일하게 불그스레하지 않은 부분은 슬쩍슬쩍 보는 작은 눈과 누런 이빨이었다. 농부는 술을 한 잔 더 시키더니 더이상 그의 조롱을

---

26 『헨리 4세』에 나오는 평판이 안 좋은 인물로 그의 빨간 코는 조롱의 대상이다.

참을 수 없다며 소지주에게 한판 붙자고 여러 차례 도발했지만 농부의 익살스러운 적은 (우스운 수준까지 농부의 화를 돋우고는) 노련한 솜씨로 싸움을 거절했다. 그리고 농부는 제대로 잘 들어올리지도 못하던 술잔을 손에 쥔 채 조용히 잠에 빠져들었다. 농부의 박해자는 웃으면서 그를 내려다보며 일장 연설을 하고는 뒤돌아서 이 야단스럽고 떠들썩한 놀이의 와중에 모두가 잠든 것을 보고 말했다.

"정말이지, 호가스[27]의 그림에 딱 맞는 광경이로군. 인생사를 그대로 그려내는 데는 호가스와 셰익스피어가 최고지!"

이 말은 그에 대한 내 판단이 틀리지 않았음을 확인시켜 주었다. 호가스와 셰익스피어와 자연. 그에게는 (누구에게나 그렇지만) 이 셋만 아는 것으로도 충분했다.

"코벳[28]의 글을 읽으시는군요, 그렇죠?" 내가 말했다. "적어도 코벳이 글을 쓰듯 말씀을 잘하십니다."

그는 내 말을 미심쩍어하는 듯했다. 하지만 나는 말을 이었다.

"아직 한 시간쯤 시간이 있으니, 계속 말씀하시겠다면 펜과 종이를 갖다 주세요. 그럼 제가 받아 쓰겠습니다. 선생

---

27 William Hogarth(1697-1764), 영국의 화가이자 동판화가.
28 William Cobbett(1763-1835), 의회 개혁을 부르짖은 급진적 저널리스트.

의 말씀이 저 훌륭한 《정치 레지스터》[29]에 실리지 않으면 제 머리를 내놓겠습니다. 하지만 저는 선생 덕분에 오늘밤 살아 남았습니다. 선생이 없었으면 어쩔 뻔했는지 모르겠어요."

소지주는 내 관점도, 소지주 자신의 몸집도 젬 벨처 만하지 않냐는 내 질문도 싫지 않은 모양인지 잠시 후 친구에게 비밀을 털어놓듯이 "지금까지 살면서 가장 마음 졸였던 상황은 젬이 라켓볼을 하다가 한쪽 눈을 잃고 크리브[30]에게 졌을 때였네"라고 말했다.

날이 밝았다. 약간 흐릿하긴 해도 맑은 빛이 들이치고 있었다. 그 빛은 졸음이 오는 무거운 눈꺼풀에 쇠막대기처럼 느껴졌다. 여인숙 숙박객들이 하나둘 일어나 나왔다. 그렇다고 지금 방으로 가 눈을 붙이기에는 너무 늦었다(시계 종소리가 일곱 시를 알렸으니까). 우리는 별수없이 이발소에 들렀다가 헝거포드까지 9마일이나 걸어가야 했다. 맑은 날이었다. 하늘은 푸르고 습지의 안개는 물러가고 있었고 길은 걸을 만했다. 꼬박 밤을 샜지만 많이 피곤하지는 않았

---

[29] 1802년 윌리엄 코벳이 창간한 런던의 정치 주간지. 처음엔 논조가 보수적이었으나 급진주의로 선회했다.
[30] Tom Cribb(1781-1848), 영국의 맨주먹 권투 선수. 1802년에서 1822년까지 줄곧 영국 챔피언이었다. 벨처에게 두 번 이겼다.

다. 적어도 밤을 샐 만한 가치가 있었다. 우리는 의견 차가 있어도 기분 좋게 이런저런 이야기를 나누었다. 여러 화제를 두루 조금씩 건드리다가도 언제나 권투 얘기로 돌아왔다. 마침내 헝거포드에서 왼쪽으로 1마일쯤 떨어진 완만한 언덕에 링이 보였다. 우리 옆을 지나쳐 간 경마차와 이륜마차와 사륜마차 등이 링을 에워싸고 있었다. 조 톰스가 발랄하게 함성을 질렀고 우리는 좁은 길을 따라 현장으로 걸음을 재촉했다.

(독자들이여! 맨주먹 권투를 본 적 있습니까? 못 봤다면 맨주먹 권투를 보는 즐거움을 맛보십시오. 적어도 그것이 개스맨과 빌 니트의 시합이라면 말입니다.)

링에 가까이 가 보니 구경꾼들이 엄청 많이 왔음을 알 수 있었다. 지붕을 연 마차들이 속속 도착했고 장식 깃발들이 휘날리고 풍악 소리가 났다. 시골 사람들이 각자의 영웅이 이기거나 지는 것을 보려고 산울타리와 개천을 넘어 사방팔방에서 몰려들었다. 승산은 5대 4일 뿐이지만 여전히 개스맨에게 유리했다.

걸리[31]도 니트와 한판 붙은 적이 있다. 그때 니트는 걸리가 제법 세차게 몰아붙여 자신만만했던 기가 꺾였었다. 상

31　John Gully(1783-1863), 맨주먹 권투 선수이자 승마 기수.

금이 약 20만 파운드나 걸린 싸움이었다. 그런데 개스맨은 다른 신사들이 그가 이기면 주겠다고 약속한 3,000파운드를 잃었다고 한다. 개스맨은 너무 자신을 과신했고, 이 과신을 본 다른 사람들도 그를 과신했다. 이 기운차고 만만찮은 젊은 친구는 "성공하려면 세 가지가 필요한데 그것은 뻔뻔함!과 뻔뻔함!과 뻔뻔함!이다"[32]라는 금언을 자신의 모토로 삼은 듯하다. 소신을 지키는 문제에서는 그렇더라도 맨주먹 권투는 다르다. 맨주먹 권투는 어떤 분야보다도 실제적이다. 개스맨은 허세와 거만이 너무 심했다. 마치 싱긋 웃으며 으름장을 놓는 것만으로 상대를 링에서 몰아낼 수 있다는 듯이.

그러나 아! 이 브리스틀[33] 출신은 그렇게 만만하지 않았다! "이건 무덤 파는 손이야!" (개스맨은 술과 성공에 취해 무지막지한 오른손을 들어 보이며 외치곤 했다.) "이 손이 저들을 기다란 집으로 보내 줄 거야. 그들과 볼일이 아직 안 끝났어!"

개스맨은 왜 그래야만 했을까? 가장 훌륭한 선수들 서너 명을 시간 내에 너끈히 때려눕혔으면 됐지, 왜 나의 스승인 리치먼드를, 은퇴하려는 그 베테랑을, 흑인의 명예를 지킨

---

32 프랑스의 혁명가 당통(Georges J. Danton)의 말.
33 빌 니트의 별명은 '브리스틀의 황소'였다.

온유한 그를 불명예스럽게 응징하겠다고 위협해야만 했을까? (친애하는 개스맨이여, 도량과 용맹은 불가분하다오.)

아무튼 개스맨은 상대 선수를 핸드볼 코트에서 처음 봤을 때 그에게 다가가, 아킬레스가 헥터를 관찰하듯이, 머리끝에서 발끝까지 그를 경멸의 눈초리로 훑어보고는 "아니, 당신이 빌 니트라고? 이 주 뒤에 내가 당신의 시체를 두드려 패서 황소보다 더 많은 피를 뽑아내겠어!"라고 했는데, 왜 그래야만 했을까? 사나이답지도 않고 투사답지도 않다. 승리를 확신한다면 (그는 그렇지 않았으므로) 입을 다물고 있을수록 좋다. 겸손은 맨주먹 권투를 그림자처럼 따라다녀야 할 것이다. 가장 좋은 선수가 언제나 행실도 가장 좋다. 젬 벨처와 게임치킨[34](그 앞에서 개스맨은 살아남지 못했을 것이다)은 예의 바르고 과묵한 사람들이었다. 크리브와 톰 벨처도 가장 우아한 선수들이었으나 아무도 함부로 할 수 있는 사람들은 아니었다. 나는 이 이야기를 우편마차 안에서 살을 붙여 전개하면서 뻔뻔함은 어떤 직업에도 설 자리가 없다고 (내 딴에는) 현명하게 말했다. 권투 선수는 상대방을 넘어뜨려야 하지만 실제로든 암시로든 아무의 얼굴에나 대고 주먹을 들이밀어야 하는 건 아니다. 노상강도

---

34 Henry Pearce(1777-1809), 당시 인기 있던 맨주먹 권투 선수.

도 직업적 일을 하다 보면 누군가의 머리통을 날려 버리게 될지도 모르지만, 만일 그 과정에서 더러운 말을 한다면 나는 그가 신사가 아니라고 하겠다. 권투 선수라고 특별히 깡패나 멍청이가 될 필요는 없지 않을까. 패한 사람을 두고 내가 이 점을 너무 많이 주장하는지도 모르겠다.

개스맨은 제일 처음 배워야 할 교훈을 그때 배웠다. "인간은 슬퍼하기 위해 만들어졌다"는 교훈 말이다. 개스맨이 마지막 경기에서 잃은 것은 그의 자만밖에 없다. 누구든지 자만은 없이 사는 편이 좋다! 개스맨이 자만을 너무 드러냈기 때문에 대중은 그에 대해 안 좋은 선입견을 가지게 되었고, 알은 체하는 사람들은 개스맨에게 기만당했다. 개스맨에게 내기를 건 사람들 외에는 아무도 그의 승리를 바라지 않았다. 이와 관련하여 나 자신의 선입견도 있었던 터라 12월 11일의 경기 결과는 내가 본 어떤 것보다도 잘 짜여진 드라마틱한 인과응보였다. 체중 차이(196파운드 대 168파운드)는 운동하는 그들에게 중요하지 않았다. 빌 니트는 덩치가 크고 무거워 동작이 재빠르지 못하지만 팔이 길었다. 개스맨은 그런 니트를 자만의 크기로 압도했다. 아마추어들은 그의 허풍에 놀라며 그것으로 182cm와 175cm의 키 차이가 메워지기라도 할 것처럼 생각했다. 권투광들은 확실히 상상력이 좋은 사람들은 아니다. 그들은 지나간 일들을 판단만 할 뿐, 앞으로 일어날 일은 좀처럼 상상하지 못한다. 지금까지 개스맨이 이겼으니까 이번에도 자기보다 한 배 반인 상대를 꺾을 거라는 식이고 거의 확신한다. 게다가 정부나 학교에서와 마찬가지로 자기들끼리 서로 반목하고 내분이 일어나고 편견과 현학적 생각들이 난무한다. 걸리 씨는 그들 가운데 거의 유일하게 침착하고 분별 있는 사람이다. 그는 편견 없는 분별력을 행사하며 이런 문제와 곤련해서 열정의 노예가 아니다.

감상과 반추는 그만하고 원래 하던 이야기를 계속하겠다. 12월 그날 아침은 앞서 말했듯이 쾌청했다. 풀은 젖었고 땅은 진창이었으며 수많은 사람들의 발자국으로 온통 패여 있었다. 그 외에는 속인의 발걸음에 더럽혀지지 않은 차단된 링 안의 깨끗한 잔디밭이 한낮의 햇빛을 받아 눈부시게 빛났다. 정오인 지금부터 시합이 시작되기 전까지 한 시간은 더 기다려야 했다. 힘든 시간이다. 이 시간에 두 챔피언이 뭘 하고 있고 그들의 운명이 얼마나 짧은 시간 내에 결정날지 생각하면 마음이 괴로워진다. 그러나 일단 주먹이 날아가기 시작하면 과민한 걱정이 파고들 틈이 없다. 눈앞에서 벌어지는 장면에 쏟는 흥미가 우리를 집어삼키기

때문이다. 그러나

> 두려운 무언가가 움직인 뒤
> 최초의 충동이 일기까지 그 사이는
> 환각 같기도 하고 무시무시한 꿈 같기도 하다.[35]

햇살이 내 등에 들러붙는 듯하여 고개를 돌려 지평선 가장자리 너머로 떨어지는 겨울 흰 구름을 봤을 때 느낌이 그랬다. 내가 가진 가장 아름다운 희망도 내 시야에서 사라진 것 같았다![36] 개스맨의 영광은, 아니면 그의 상대의 영광은 한 시간이면 사라질 것이다.

거물들이 두텁고 흰 모직 코트 차림으로 줄지어 걸어 들어왔다. 링 사이드가 비워지고 그곳에 몰려 있던 시골 사람들(런던내기들은 66마일이나 떨어져 있었으므로)은 그 와중에 머리나 정갱이에 타박상을 입었다. 시간이 가까웠고 나는 좋은 자리에 서 있었다. 소란스럽고 흥분된 기운이 관중 사이로 번져 나갔다. 반대편에서 빌 니트가 두 명의 세컨드의 호위를 받으며 등장했다. 헐렁한 코트로 몸을 감싼 그는 안으로 약간 휜 다리를 약간 굽힌 채 좌우로 몸을 흔

---

35 셰익스피어 『율리우스 카이사르』 II. i. 63-65.
36 불행한 결혼을 떠올리고 쓴 것으로 보인다.

들며 들어왔다. 점잖으면서도 기운찬 태도로 모자를 링 안으로 던졌다. 그런 다음 주위를 빙 둘러보더니 조용히 겉옷을 벗기 시작했다.

그 반대쪽에서도 비슷한 술렁임이 일면서 사람들이 길을 터 주자 개스맨이 승리의 예상을 의식하는 태도로 심히 우쭐대며 입장했다. 그는 영웅답지 않게 너무 으쓱대고 돌아다니면서 거만하게 오렌지를 씹고는 껍질을 뒤로 휙 던져 버리고 니트에게 다가가 그를 마주보았다. 그것은 필요 이상의 행동이었다. 개스맨의 유일하게 분별 있는 행동은 현대판 아이아스[37]에게서 휙 돌아서 가면서 마치 그날 제대로 말을 들을지 시험해 보기라도 하듯이 양팔을 펼쳐 보인 것이었다. 이제 모두 겉옷을 벗자 두 선수의 몸이 두드러지게 대비되었다. 브리스틀 전역에 권투로 명성이 높은 니트가 무엇이든 짊어질 수 있을 아틀란타 같은 어깨를 가진 아이아스 같다면, 날렵하고 유연하고 활발히 몸을 이리저리 움직일 때 햇빛을 받은 등이 표범 가죽처럼 윤이 나는 개스맨은 디오메데스에 비할 수 있을 것이다. 갑자기 모든 것이 쥐죽은 듯 멈추자 모든 사람들이 경이로운 집중을 기울였다. 굉장한 시합이 열리는 이 중대한 순간, 숨을 죽이지 않

---

37 호메로스의 『일리아스』에서 넘치는 힘과 용기를 가진 용사.

은 사람이 어디 있으며 심장이 두근거리지 않은 사람이 어디 있었겠는가? 모든 준비는 끝났다. 그 둘은 누가 해를 등지는 쪽에 설지 동전을 던졌고 개스맨이 이겼다. 그 둘은 시합 개시선에 서서 악수를 나눈 뒤 맹렬한 기세로 싸움을 시작했다.

모두 1라운드에서 시합이 끝났다고 생각했다. 잠시 접근전을 벌이다가 개스맨이 호랑이처럼 몸을 날려 몇 초 만에 다섯 번을 가격했다. 먼저 세 번 가격하고 휘청거리며 뒤로 물러나는 니트를 따라가 레프트, 라이트, 두 차례 더 가격했다. 니트는 쓰러져 거대한 산송장 같았다. 환성이 터졌고 나는 "저러면 일어서지 못해"라고 말했다. 그는 생명이 없는 뼈에 붙은 고깃덩어리였다. 개스맨은 그 주위를 돌며 전기 혹은 번개처럼 빠르게 펀치를 휘둘렀다. 니트가 일어나더라도 다시 녹다운되는 모습이 머릿속에 그려졌다. 마치 개스맨이 자신의 그 오른손에 검이나 화염을 쥐고 무장하지 않은 사람의 몸에 집중하는 듯했다.

니트가 일어났고 둘은 다시 붙었다. 니트는 겁먹지 않은 듯하고 각별히 조심하는 모습이었다. 햇빛 때문에 그는 이를 악물고 눈살을 찌푸렸다. 대형 해머 같은 양팔을 개스맨 앞으로 죽 뻗더니 왼팔을 약간 더 높이 쳐들었다. 개스맨은 이 방어 자세를 뚫을 수 없었다. 그들은 서로를 가격했고 쓰러지기도 했지만 어느 쪽에도 어드밴티지는 없었다. 다음 라운드도 그런 식이었지만 힘의 균형은 원상태로 돌아갔다. 싸움의 운명에 대한 결정이 보류되었다. 이제 아무도 결과를 예측할 수 없었다. 결과에 대한 의견이 양분된 유일한 순간이었다. 그다음 순간, 개스맨이 오른쪽 주먹으로 상대의 목을 향해 치명적인 펀치를 날렸으나 거리 때문에 적중시키지 못하자 상대가 왼팔을 크게 휘둘러 개스맨의 광대뼈와 눈썹에 주먹을 내리꽂아 붉은 파멸의 자취를 그 얼굴에 남겼다.

개스맨이 쓰러지자 환호성이 쏟아졌다. 운명의 파도가 소란스럽게 한쪽으로 쏠리자 승리의 우렁찬 함성이 울렸다. 그것은 결정적인 일격이었다. 개스맨은 일어섰다. 씩 억지로 짓는 끔찍한 웃음을 보였지만, 과대한 자기 평가는 이미 박살이 난 것 같았다. 그렇게 세게 맞아 혼이 난 것은 처음이었다. 한쪽 얼굴은 진홍색으로 물들었고 오른쪽 눈은 거무스름하게 멍들어 감겨 있었다. 자신감은 줄었지만 여전히 그는 다시 싸우기 위해 결연히 상대에게 다가갔다. 개스맨은 한 라운드인가 두 라운드 뒤에 다시 그런 추억거리가 될 펀치의 세례를 받지 않자 원기를 되찾고 처음처럼 맹렬히 달려들었다. 하지만 소용없었다. 힘은 약해졌고 주먹은 그의 길이로는 표적을 명중시키지 못했다. 상대를 향해 몸을 날릴 수밖에 없었다. 발을 땅에 붙인 채로는 타격을 가할 수 없었기에 이제는 번번히 몸을 날리며 오른쪽 주먹을 휘둘렀다. 니트는 개스맨의 주먹을 막거나 맞지 않게 뒤로 몸을 뺐다가 왼쪽 주먹을 날려 그를 쓰러뜨렸다. 이제는 조심스러운 스파링이나 가볍게 모색하는 펀치를 날릴 필요도 없었다. 멋부리는 권투 동작도 전혀 보이지 않았다. 그들은 서로 때려눕힐 펀치만 날렸다. 엉키지 않고 떨어져서 싸우는 당당한 시합이었다.

놀라운 사실은 쉬는 시간이 30초였다는 것이다. 1분이나 그 이상이었더라면 이 둘이 어떻게 점차 원기와 결의를 회복하는지 이해되었을 것이다. 서로 세게 때리고, 얻어맞고 쓰러지고, 피로 범벅이 되고, 정신이 멍해지고, 의식을 잃어 숨도 못 쉴 충격에서 미처 헤어나오기도 전에 둘은 새로이 기운과 용기를 내서 일어났다. 그리고 상대에게 치명적 공격을 가할 태세로 균형을 잡고 섰다가 다시 "카스피 해의 두 무리 구름처럼"[38] 서로를 향해 달려들었다. 이것이 모든 것 중에 가장 놀랍다. 고고하고 영웅적인 인간의 상태가 아

---

38 『실낙원』 ii. 714-716. 카스피 해(海)는 고대로부터 폭풍으로 이름난 곳이었다.

닌가!

　이때부터 매 라운드마다 시합 결과는 더 확실해졌다. 12라운드쯤에서는 시합이 이미 끝난 듯싶었다. 개스맨은 대체로 내가 있는 쪽에 등을 돌리고 있었다. 그러다 난투가 벌어지면 위치를 바꿨는데, 바로 그 순간 니트가 허리를 낮추고 무릎을 굽히면서 파고들어 그의 얼굴을 정통으로 가격했다. 뒤로 쓰러질지 앞으로 쓰러질지 확실치 않았다. 개스맨은 일이 초간 움직임이 없다가 양손을 허공으로 내밀면서 얼굴을 하늘로 향한 채 뒤로 쓰러졌다. 이렇게 쓰러지기 직전보다 가공할 그의 모습은 본 적이 없었다. 생명의 모든 흔적, 자연스러운 표정의 모든 흔적이 사라졌다. 얼굴은 해골 같았다. 피를 분출하는 해골의 그림. 피가 고인 눈, 피가 흘러나오는 코, 떡 벌어진 입의 피. 그는 실제하는 사람이 아니었다. 초자연적인 괴기한 모습이었다. 단테의 『지옥』에 나오는 인물 같다고나 할까. 그러고도 개스맨은 일어나서 몇 라운드를 더 싸웠다. 여전히 자기가 먼저 필사적인 펀치를 날렸다. 니트는 수세를 취했다. 이제 경기를 시작하는 듯이 마지막 순간까지 변함없이 조심스러운 방어 자세를 풀지 않았다. 개스맨은 17라운드인가 18라운드에 맞은 충격으로 기절하고서야 그의 의식이 그를 완전히 떠났다. 쉬는 시간이 끝났어도 그는 링 가운데로 나오지 못했다. 싸움이 끝났음이 선언되었다. 권투광들을 경멸하는 이들이 있다면 스스로 평생 단 한 번도 입증해 본 적 없는 우월함의 태도를 취하기 전에 먼저 무언가 이만한 불굴의 투지나 침착성을 보이는 일을 해보기를!

의식이 돌아오고 개스맨이 제일 처음 입 밖에 낸 말은 "여기가 어디야? 무슨 일이야!"라는 것이었다.

"아무것도 아닐세. 자네가 싸움에서 패했을 뿐이야. 하지만 자네는 세상에서 제일 용감한 사람이야." 그런 뒤 잭슨[39]은 그의 귀에 속삭이듯 말했다. "내가 가서 상금을 가져오겠네." 그때는 들리지도 않는 공허한 소리였다!

니트는 곧바로 개스맨에게 다가가 정중하게 악수하고는 오래된 지인들을 보자 주먹을 휘두르며 "아하! 자네들 노상 내가 싸움을 못한다고 했지. 지금은 생각이 어떤가?" 하고 큰 소리로 말했다. 기분이 좋아서 한 말일 뿐 일말의 거만함도 없었다. 빌 니트는 이긴 게 기쁠 뿐이었다. 모든 게 끝난 뒤, 나는 시합이 훌륭하지 않았냐고 크리브에게 물었다. 그는 "엄청!"이라고 대답했다. 우편배달 비둘기들이 하늘로 날아올랐고 그중 한 마리는 니트 부인의 가슴에 남편의

---

[39] John Jackson(1769-1845), 1795년 챔피언이었다. 귀족들에게 권투를 가르쳤고, 시인 바이런도 그의 제자였다. '권투 클럽'을 창설했고 1824년에 은퇴했다.

승리를 알리는 소식을 가지고 날았다. 아, 개스맨의 부인은 어쩌나!

　이제는 헤어질 시간. 갈 때는 조 톰스와 갔지만 돌아올 때는 그곳에서 만난 잭 피고트와 동행했다. 톰스는 입만 살고 머리가 비었고 피고트는 감정적인 사람이다. (이런 말을 해도 좋을지 모르겠지만, 저도 감정적인 사람입니다.) 따라서 나는 아무 말도 하지 않는다. 하지만 돌아오는 길에도 여행에 대한 흥미는 시들지 않았다. 피고트와 나는 헝거포드에서 뉴버리까지 이어지는 둑길을 걸었다. 때로는 눈부신 햇빛이 황갈색 언덕이나 이끼 색의 시골집에 비치는 모습을 살피고, 때로는 기쁜 듯이 권투 이야기를 하고, 때로는 일반적인 문학이나 격조 높은 문학으로 화제를 바꾸기도 하면서. 내 친구 피고트는 행사에 걸맞게, 그러니까 권투광답게 옷을 차려 입었다. 두꺼운 외투, 바닥에 나무를 댄 신, 작업복. 그리고 여분으로 가져온 옷들은 시골 소년 두 명이 들어주기로 합의를 봤는데 마침 그때 돌아가는 사륜마차가 오고 있어서 우리는 그것을 타게 되었다. 피고트는 바깥 뒷자리에 앉아 가고 싶어해서 나는 실내 좌석에 앉았다. 안에는 모르는 두 사람이 있었다. 그들은 나를 살피더니 권투 시합을 구경하고 가는 길이라고 추측했다. 나는 그렇다고 대답하고 그들도 마찬가지겠지 라고 판단했다.

그런데 그들은 이에 대해서 약간 쑥스럽고 껄끄러워하는 듯했다. 암시와 질문이 몇 가지 오가고 나서야 그들은 시합을 못 본 것으로 드러났다. 둘 중 한 친구가 이륜마차를 타고 가자고 했고, 계획에 차질이 없도록 전날 오후 세 시에 출발했다. 말 한 마리가 끄는 그 마차의 주인은 가는 길을 사람들에게 묻지 않아도 된다며 콧방귀를 뀌고 제멋대로 가다가 훈슬로에서 샛길로 빠지지 않고 곧장 배그샷으로 마차를 몰았다. 둘은 그곳에서 밤을 지낸 뒤 이튿날 그 고장을 가로질러 레딩으로 가서, 그곳에서 승합마차로 갈아타고는 경기가 끝나기 30분 전에 기껏 헝거포드에서 1-2마일 떨어진 곳에 도달했다. 인생사의 불행한 일 중 하나로 기록해도 별로 틀리지 않을 것이다.

시합을 보러 오자마자 구경도 못하고 온 길로 되돌아가는 이 두 신사와 울햄튼에서 작별 인사를 나누고 우리는 숙소를 찾아 방을 약속받고 휴게실로 들어갔다(내가 뉴버리에서 그랬듯이 피고트는 지난밤을 헝거포드에서 지샜기에 침대는 저항할 수 없는 유혹이었다). 내닫이창이 달렸고 바닥에는 카펫이 깔렸으며 아늑한 난롯불이 있었다. 우리는 차와 토스트와 달걀로 한껏 배를 채운 뒤 한 시간 동안 철학자에게 어울리는 여가를 즐기며 저녁엔 뭘 먹을까 궁리했다. 통닭구이와 양갈비를 놓고 벌이던 우리의 미식 논의는 고트족과 반달족 같은 무리의 침입에 방해를 받았다. "O procul este profani."[40] 진짜 악당들이 아니라 단순한 침입자들, 젠체하는 시끄러운 사람들, 토트힐 필즈의 도살업자들, 화이트채플의 브로커들이었다. 이들은 우리가 불쾌하게 생각하지 않기를 바라면서 즉시 파이프와 담배를 청했다. 그러고는 그건 승부 조작이라고 주장하기 시작했다. 피고트는 담배 연기와 소음을 피해 나를 남겨 두고 다른 방으로 갔다. 나는 두 시간 동안 쉬지 않고 그들과 논쟁을 벌였다.

다음날 아침 우리는 상쾌하게 일어났다. 대화를 하는 틈틈이 피고트는 손에 든 포켓북을 읽었다. 그게 무슨 책인가 했더니 반갑게도 『신엘로이즈』였다. (숙녀 여러분, 이런데도 권투광들은 정서 함양과는 거리가 멀다고 주장하시겠습니까?) 전날처럼 우리는 여유롭게 걸었다. 잭이 내게 갈색 외투와 초록색 실크 목도리를 빌려주었다(나한테 대단히 잘 어울린다고 말하지 않을 수 없다). 몇 마일쯤 걷는 걸로 다리 운동을 한 뒤, 잭 랜들과 네드 터너와 스크로긴스가

---

40 "저속한 자들은 멀리, 멀리 떨어져라". 베르길리우스『아이네이스』vi. 258. 로마의 성직자가 속인들에게 한 말.

배스 우편마차의 꼭대기에 앉아 지나가는 것을 보고 우리는 그다음에 오는 마차를 세워 평소 요금으로 런던까지 태워줄 수 있느냐고 물었다.

마차에 타고 보니 승객이 세 명 있었다. 한 명은 머리에 헤어 파우더를 뿌리고 뒷머리를 땋은 매부리코의 노신사였다. 배스에 있는 도박장에서 카드를 실컷 하다 가는 모양이었다. 나는 그가 윈덤[41]과 무척 닮았다고 생각했다. 나는 이 멋진 이목구비에서 훌륭한 견해를 들을 수 있을지 몰라 노신사가 대화에 끼어들었으면 했지만 저녁 식사를 위해 잠시 레딩에서 내릴 때까지도 아무런 말이 오가지 않았다. 식사를 할 때 좌중에서 전날의 권투 시합에 대해 묻자 나는 (독자도 그렇게 생각하겠지만) 청산유수로 생생하게 설명해 주었다. 다시 마차를 탔을 때 노신사는 품위 있게 서두를 뗀 뒤 1770년 자기가 소년이었을 때 고인이 된 윈덤 씨를 따라 그 유명한 브로턴과 '싸우는 마부'라는 별명의 조지 스티븐슨[42]의 대결을 보러 갔었다고 했다. 이 시작하는 말에 내 예언의 혼이 우쭐했다. 나는 노신사의 말에 주의를 집중했다. 그는 말을 이었다.

---
41 William Windham(1750-1810), 영국의 정치인.
42 Jack Broughton과 George Stevenson의 1741년 시합은 45분 동안 벌어졌으며 브로턴이 승리했다.

"조지 스티븐슨은 내 아버지 친구의 마부였죠. 그 후 몇 년이 지나서 그를 봤을 때는 노인이었어요. 스티븐슨이 자기 팔뚝을 턱 잡더니 '한때 여기에 근육이 붙어 있었지만 지금은 어린 도련님보다 근육이 많지 않아요'라고 말하고는 '하지만 괜찮아요. 이 세상에 오래 머물렀으니 기꺼이 죽을 겁니다. 그리고 제가 남보다 더 많은 해를 끼치지 않았기를 바랍니다'라고 덧붙이더군요.

한번은 스티븐슨에게 브로턴을 이겨 본 적이 있냐고 물었더니 그렇다고 했습니다. 브로턴과 세 차례 겨뤘는데, 마지막 경기는 공정하게 이겼지만 세상이 그걸 허용하지 않았답니다. 스티븐슨이 또 이렇게 말하더군요. '그때 어떤 일이 있었는지 말해 드리죠, 도련님. 마지막 라운드에서 세컨드가 우리를 일으켜 세웠을 때 우리는 너무 지쳐서 일어서 있을 수가 없었어요. 그래서 우리는 겹쳐서 쓰러졌는데 브로턴 나리의 몸이 내 몸 위로 쓰러졌어요. 그러자 그 패거리는 나리의 손을 들어 주었죠. 나리가 시합에서 이겼다고들 했어요. 하지만 사실은 나리를 일으켜 세우는 세컨드(존 커스버트)에게 나리는, 난 이제 더 안 하겠어, 이제 진절머리가 나, 라고 했어요. 그건 저한테 승리를 안겨 주는 말이잖아요. 그게 사실이란 걸 입증하자면, 존 커스버트가 죽기 전 고백할 게 있냐는 질문에 이렇게 대답했어요. 네, 바로잡고 싶은 게 하나 있습니다. 스티븐슨이 브로턴과의 대결에서 분명히 이겼습니다. 마지막 라운드에서 브로턴을 일으켜 세울 때 그는, 이제 진절머리가 나, 라고 했습니다.'" 스티븐슨과 커스버트의 말을 들려준 배스의 신사는 이렇게 말을 맺었다. "그건 인간 본성의 한 부분이죠."

나는 그 사실이 잊히지 않도록 이 이야기를 쓴다. 스티븐슨은 또한 이런 사람들의 정직함에 대한 증거로, 브로턴이 전성기였다면 자기를 이길 수 있었을 테지만, 브로턴은 마지막 결투를 할 무렵 늙어 가고 있었다는 사실을 스티븐슨이 인정했다고도 진술했다. 피커딜리에 도착했을 때 나는 노신사에게 고 윈덤 씨에 대해 묻고 싶은 것들이 있었지만 용기가 나지 않았다. 나는 마차에서 내려 외투와 초록색 실크 목도리를 피고트에게 돌려주고 들뜬 기분을 안고 집으로 걸어갔다.

추신. 다음날 조 톰스가 나를 찾아와 개스맨과 니트의 결투는 흠잡을 게 없지 않았냐고 물었다. 나는 그렇다고 대답했다. 조 톰스가 그날 일에 대한 내 이야기를 재미있게 읽기를 희망한다.

옮긴이의 말

해즐릿을 읽기 위해 무슨 말이 더 필요할까?

낭만주의 시대는 현대로 들어서는 관문이었다. 현대는 신세계였고 사람들은 누군가 그 '새로움'을 분석하고 해설해 주기를 원했으며 해즐릿은 그럴 재능과 기질을 갖춘 최적임자였다. 오늘날 우리는 이 낭만주의가 문을 열어 준 현대의 연장선상에서 살고 있다. 다시 말해서 그 시작을 분석하고 해설한 해즐릿은 우리 자신에 대하여, 현재의 문화와 세계에 대하여 해줄 말이 많다. 의식주의 모양만 바뀌었을 뿐, 사람과 근본적인 질서는 별로 바뀌지 않았기 때문이다.

한편 해즐릿이 활약하던 시대에서 가장 주목할 만한 점은 지금 우리가 아는 바대로의 언론 매체가 왕성하게 생겨났다는 사실이다. 바로 이 언론 매체와 환경은 지금도 우리의 삶을 지배하고 있다. 그런 환경에서 열정적인 삶을 불태우며 방대한 양의 글을 남긴 해즐릿의 통찰력은 지금도 여전히 유효하고도 남음이 있다. 해즐릿은 변치 않는 인간의 본성과 체제를 파고들어 그 뼈를 드러낸다.

해즐릿은 비국교도인 유니테리언교 목사의 아들로 태어났다. 당시에 그리스어, 라틴어 등 고전 교육을 받으려면 옥스퍼드나 케임브리지 대학교에 들어가야 했다. 영국 국교회 신조에 서약을 하지 않은 비국교도인 해즐릿은 런던의 '해크니 뉴 칼리지'에 진학했다. 이것은 오히려 해즐릿에게는 잘된 일이었다. 이 학교는 다른 학교들이 가르치지 않는 철학과 정치 등 진보적 '신학문'을 가르쳤기 때문이다.

해즐릿은 정치 강연자, 저널리스트, 비평가로서 영향력 있는 인물로 성장했다. 그러나 그의 급진적 사상은 찰스 램을 제외한 모든 친구들을 떨어져 나가게 만들었다. 1815년 영향력 있는 《에딘버러 리뷰》의 청탁으로 그는 철학과 종교, 관습, 정치, 문학, 미술에 걸친 에세이를 썼다. 미술에서는 푸생과 렘브란트, 티치아노를 높이 평가했다. 해즐릿의 문학 비평은 『영국 시인론』(1818)과 『영국 희극 작가론』(1819), 『엘리자베스 여왕 시대의 희곡 문학』(1820)으로 편찬되었다. 에세이스트로서의 명성은 무엇보다 『좌담』(1821-

1822), 『입바른 사람』(1826) 등에서 잘 드러난다. 『리베르 아모리스』(1823)는 조금 과장하자면 해즐릿을 파멸시킨 책이다. 사실 이 자전적 소설은 루소의 참회록에 대한 오마주 같은 것이었지만, 오랜 세월 해즐릿을 음해하고 비방하고, 못 잡아먹어 안달하던 보수 언론에게는 그를 공격할 더없이 좋은 총알이 되었다. 이 여파로 거의 백 년간 해즐릿은 무덤에서 빛을 보지 못하다가 버지니아 울프의 에세이로 빛을 봤으나, 한 작가가 조직적인 중상모략과 인신공격에서, 사후에라도 헤어나오기란 얼마나 어려운지 절감케 한다.

해즐릿은 조지 오웰이나 토머스 드 퀸시, 찰스 램과 최소한 어깨를 나란히 하는 에세이스트로 존경을 받는다. 영미문학에 관심이 있는 사람치고 해즐릿을 모르는 사람은 없을 것이다. 그럼에도 그의 글을 읽어 본 사람은 많지 않다. 아마도 해즐릿을 영원히 묻어 버리려 했던 자들의 노력이 어느 정도 성공했기 때문이 아닐까.

로버트 루이 스티븐슨은 "오늘날 우리는 해즐릿처럼 쓰지 못한다"며 경의를 표했다. 버지니아 울프는 1930년 해즐릿 사후 100주년을 맞아 '해즐릿론'이라 할 수 있는 에세이를 썼다. 그녀는 이 에세이를 쓰기 위해 8개월에 걸쳐 해즐릿의 방대한 저작을 다 읽었다.

울프는 "문학 작품의 중요성과 윤곽을 포착해서 보여 주는 해즐릿의 그 능력"을 칭찬한다. 그리고 그 능력은 "조예가 깊은 비평가들마저 곧잘 놓치고 소심한 비평가들은 절대로 획득하지 못하는" 것이라고 말한다.

해즐릿을 읽기 위해 무슨 말이 더 필요할까?

— 공진호

연보

윌리엄 해즐릿

1778	4월 10일 영국 켄트 주 메이드스톤에서 출생. 아버지는 그곳의 유니테리언 교회 목사였다.
1789	프랑스 혁명.
1780	코크 시로 이사한다. 그의 아버지인 윌리엄 목사가 미국 전쟁 포로들에 대한 학대에 항의한다.
1783	가족이 미국으로 이주한다. 윌리엄 목사는 보스턴에 최초의 유니테리언 교회를 세운다.
1787	영국으로 돌아간다. 윌리엄 목사는 슈롭셔 주 웸에서 목사로 일한다.
1792	퍼시 셸리 출생. 메리 울스턴크래프트의 『여성의 권리 옹호』 출간. 파리에서 '9월 학살' 발생.
1793	해크니 뉴 칼리지에서 수학. 「새로운 민형사법론 입안」이라는 글을 쓴다.
1794	사라 시던스가 등장하는 셰익스피어 연극 관람.
	의회 개혁을 주장하던 화가 토머스 하디(1757-1804)

	와 정치가 존 혼 툭(1736-1812) 등 급진적 변혁론자들이 반역죄로 재판을 받았으나 무죄를 선고받는다. 윌리엄 블레이크의 『순수의 노래』 발표.
1795	아버지의 뜻과 달리 성직자가 되지 않기로 결심한다. 해크니 뉴 칼리지를 자퇴하고 런던에 가서 형과 함께 산다. 형이 소개해 준 윌리엄 고드윈과 친분을 맺는다.
1796	런던에서 윔으로 이사한다. 『인간 행동론』을 쓰기 시작한다. 토머스 홀크로프트와 조지프 포셋을 비롯한 전세대 급진주의자들과 친해진다. 버크와 루소를 읽기 시작한다.
1797	에드먼드 버크 사망. 메리 울스턴크래프트가 둘째 딸 고드윈(메리 셸리)을 낳고 산후 패혈증으로 사망.
1798	유니테리언 교회에 설교차 방문한 콜리지와 친분을 맺고 워즈워드도 만난다. 화가가 되기로 결심한다.
1799-1804	런던에서 열린 오를레앙 공작 소장품 전시회를 관람하고 "미술의 신비에 입문하다"라고 기록한다. 파리 루브르 미술관에서 대가들의 회화를 모사하며 그림에 전념한다. 초상화 의뢰를 받으면서 직업 화가의 길로 들어선다.
1802	해즐릿이 그린 아버지의 초상화가 왕립 예술 아카데미

	에서 전시된다.
1804	나폴레옹이 황제로 등극한다.
1805	첫 책 『인간 행동론』을 출간한다. 찰스 램의 초상화를 그린다(현재 런던 국립 초상화 미술관에 걸려 있다). 진정한 화가가 될 수 있을지 회의에 빠진다.
1806	소책자 「사회 문제에 대한 자유로운 생각」을 출간한다.
1807	에이브러햄 터커의 『자연의 빛 연구』 요약본을 출간한다. 경제학자 토머스 맬서스를 비판하는 에세이를 발표한다. 『영국 의회의 웅변』을 편찬하고 영어 문법서를 쓰는 등 런던에서 활발한 집필 활동을 한다.
1808	찰스 램 부부의 친구인 사라 스토다트와 결혼해서 윈터슬로로 이사한다.
1810	『새 영어 문법』을 출간한다.
1811	해즐릿의 아들 윌리엄 탄생.
1812-1813	《모닝 크로니클》의 의회 출입 기자가 되어 정치를 비롯한 다양한 칼럼을 쓴다. 런던에서 영국 철학에 대한 연속 강연을 한다. 다양한 연극 비평을 발표한다.
1814-1816	연극 배우 에드먼드 킨이 샤일록 역으로 등장하는 공연을 본다(1814년 1월 24일). 《에딘버러 리뷰》에 기고를 시작한다(1815년 2월). 《모닝 크로니클》과 《더 챔

	피언》에 연극 비평을 기고하기 시작한다. 섭정 왕자 조지 4세에 대한 불경죄로 2년형을 받아 수감된 리 헌트 대신《이그재미너》에 정치, 연극, 문학, 미술 관련 기사를 기고하고 그가 풀려난 후에도 그 일을 이어간다.『홀크로프트 전기』(1816)를 쓴다.
1815	해즐릿은 워털루 전투에서 나폴레옹이 패하자 비탄에 빠진다.
1817-1818	에세이집『원탁』『셰익스피어 극의 등장인물론』『영국 시인론』『영국 연극론』을 낸다. 런던 '서리 학회(Surrey Institution)'에서 영시와 희극 작가에 대해 강의한다. 해즐릿과 셸리는 보수 언론《블랙우드 매거진》의 공격을 받는다.
1818	메리 셸리의『프랑켄슈타인』출간. 칼 마르크스 탄생.
1819	『정치 에세이』를 써서 콜리지와 사우디의 반혁명적 글을 비판한다. 다년간 자신에 대한 명예 훼손과 중상 비방에 답하여『윌리엄 기퍼드에게 쓰는 편지』를 낸다.『영국 희극 작가론』을 낸다. 문장가로서 해즐릿의 천재성이 널리 인정받는다.
1820	아버지 윌리엄 해즐릿 목사 사망.『엘리자베스 여왕 시대의 희곡 강의』를 출간한다.

1821	하숙집 딸 사라 워커와 친해진다. 『엘리자베스 여왕 시대론』을 낸다. 《런던 매거진》에 글을 기고하기 시작한다. 에세이집 『좌담』을 낸다.
1822	사라 워커와 결혼하기 위해 스토다트와 이혼하지만 워커에게 청혼을 거절당한다.
1823	이를 바탕으로 자전적 연애 소설 『리베르 아모리스(Liber Amoris)』를 출간한다.
1824-1825	그의 팬인 이사벨라 브리지워터와 결혼한다. 『시대정신』을 출간한다. 유럽을 여행하고 스탕달을 만난다.
1826-1827	『프랑스 및 이탈리아 여행기』 『입바른 사람』을 낸다. 이사벨라와 이혼하고 파리로 돌아와 나폴레옹 전기를 쓸 자료 조사에 착수한다.
1828-1830	《이그재미너》에 희곡 비평을 기고한다. 네 권으로 된 『나폴레옹 전기』를 출간한다. 『노스코트 대담집』(1830)을 펴냈지만 판매가 부진하여 큰 빚을 진다.
1830	프랑스의 7월 혁명으로 부르봉 왕조가 전복된다.
1830년	가을에 앓기 시작해 9월 18일 런던 소호에 있는 하숙집에서 세상을 떠난다.

옮긴이 **공진호**

서울에서 태어나 뉴욕시립대학교에서 영문학과 창작을 공부했다. 월트 휘트먼의 『바다로 돌아가는 사랑』, W. G. 제발트 인터뷰집 『기억의 유령』, 조지 오웰의 『1984』 『동물농장』 『버마의 나날』, 윌리엄 포크너의 『소리와 분노』, 허먼 멜빌의 『필경사 바틀비』, 하퍼 리의 『파수꾼』, 루시아 벌린의 『청소부 매뉴얼』, 제임스 조이스 시집 『사랑은 사랑이 멀리 있어 슬퍼라』, 베르톨트 브레히트 시집 『꽃을 피우는 사과나무에 대한 감격』, 아틸라 요제프의 『세상에 나가면 일곱 번 태어나라』 등 다수의 번역서를 냈다.

혐오의 즐거움에 관하여
거장의 재발견, 윌리엄 해즐릿 국내 첫 에세이집

1판 1쇄 펴냄 2024년 8월 30일
1판 9쇄 펴냄 2025년 12월 19일

지은이 윌리엄 해즐릿
옮긴이 공진호
번역저작권 © 공진호 2024
펴낸곳 아티초크 (Artichoke Publishing House)

출판등록 제25100-2013-000008호
경기도 성남시 분당구 탄천상로 164, A-303 (13631)
대표전화 031-718-1357 | **팩스** 031-711-1351
www.artichokehouse.com

이 책의 전부 또는 일부를 재사용하려면
반드시 번역 저작권자와 아티초크 출판의 동의를 받아야 합니다

ISBN 979-11-86643-20-4 (03800)